Über dieses Buch

Manipulation wird zu Recht gefürchtet. Sie gilt als ein Mittel, andere Menschen, ohne daß es ihnen bewußt wird, zu etwas zu zwingen, was sie eigentlich gar nicht wollen. Aber wie arbeiten Manipulateure eigentlich, welcher Techniken bedienen sie sich?
Um sich gegen Manipulationen wehren zu können, bedarf es mehr als der Kenntnis der Definition des Wortes. Deshalb legen die Autoren dieses Buches nicht nur Manipulationskniffe offen, sondern setzen sich auch mit einer Reihe von Schutzmöglichkeiten auseinander, die gegen Manipulationstricks immunisieren: systematische Abwehrmaßnahmen, wie zum Beispiel Steigerung der suggestiven Belastbarkeit oder Stärkung der Selbstbestimmung. Das wirksamste »Gegenmittel« jedoch ist die Aufklärung, und zwar eine Aufklärung, die nicht nur die Volksbildung, sondern die geistige Emanzipation einbezieht.

Die Autoren

Prof. Dr. Hellmuth Benesch, geb. 1924, ist Vorstand der Abteilung klinische und Angewandte Psychologie der Universität Mainz. Forschungsschwerpunkte: Neuropsychologie, Therapieforschung, Untersuchungen psychischer Störungen, Medienforschung. Buchveröffentlichungen u. a.: Wirtschaftspsychologie, 1962; Experimentelle Psychologie des Fernsehens, 1968; Berufsaufgaben und Praxis des Psychologen, 1971 (zusammen mit Friedrich Dorsch); Der Ursprung des Geistes, 1977.

Dr. Walther Schmandt, geb. 1926, Fernsehredakteur, ZDF-Bildungsprogramm, zahlreiche Fernsehsendungen zu historischen, kulturellen, sozialen und weltanschaulichen Themen.

Hellmuth Benesch
Walther Schmandt

Manipulation und wie man ihr entkommt

Fischer
Taschenbuch
Verlag

Fischer Taschenbuch Verlag
Mai 1981
Umschlagentwurf: Jan Buchholz / Reni Hinsch
Fischer Taschenbuch Verlag GmbH
Lizenzausgabe mit freundlicher Genehmigung
der Deutschen Verlags-Anstalt GmbH, Stuttgart

Gesamtherstellung: Hanseatische Druckanstalt GmbH, Hamburg
Printed in Germany
880-ISBN-3-596-23310-0

Inhalt

Vorwort zur Taschenbuchausgabe

Die Manipulation anderer Menschen ist keine läßliche Untugend. Wer andere wider Willen manipuliert, gehört angeprangert. Dieser Gedanke lag unserem Buch zugrunde. Mit Genugtuung konnten wir feststellen, wie nachhaltig er von vielen Seiten aufgegriffen wurde. In zahlreichen Besprechungen, Artikeln, Kontroversen hat das Thema Manipulation wieder an Interesse gewonnen. Aber auch die Anlässe, auf Manipulation hinzuweisen, haben sich wiederholt. Bei den letzten Bundestagswahlen wurde wiederum mit Angstmanipulation, wie wir sie auf Seite 117ff beschreiben, gearbeitet. Es wäre zu wünschen, daß die Wahlkampfschiedsstelle in Zukunft noch mehr über Manipulierungsmöglichkeiten weiß, um sie besser anprangern zu können.

Zum Thema Manipulation gab es eine von uns gestaltete gleichnamige ZDF-Fernsehreihe, die von 14 Millionen Zuschauern gesehen wurde. Aus dieser Reihe haben wir auch für die Taschenbuchausgabe Bilder und Materialien verwenden können, die besonders in den eingeschobenen kommentierenden Bildbeiträgen wiedergegeben werden. Die Karikaturen steuerte, wie bereits für die Sendungen, Prof. Frh. v. Saalfeld bei, ihm gilt unser besonderer Dank.

Von der vorliegenden Taschenbuchausgabe erhoffen wir uns weitere Anstöße, um Manipulationen zugunsten von Emanzipationen zurückdrängen zu können.

Mainz, 1981
Prof. Dr. Hellmuth Benesch
Dr. Walther Schmandt

Einleitung: Theoretische Bestimmungen

Manipulation ist zu Recht gefürchtet. Sie gilt als Mittel, andere Menschen in verheerender Weise zu etwas zu zwingen, was sie in dieser oder jener Form so eigentlich gar nicht wollen oder wünschen.

Wir sind heute sehr viel empfindlicher solchen Zwängen gegenüber geworden. Man weiß ganz allgemein, daß Menschen nicht nur durch rohe Gewalt, sondern (häufiger) durch fast unbemerkte und deshalb durch um so unheimlichere Tricks zu etwas gezwungen werden können. Welche Tricks sind das? – Wie ist die Manipulation gestaltet, die uns überwältigen soll?

An diesem Punkt ist ein erstes erstaunliches Merkmal der Manipulation zu bemerken: Man kennt fast nur ihren Namen, der vielen als Schimpfwort dient. Man zeigt mit dem Finger auf irgendwelche Leute und bezichtigt sie eines Vergehens. Aber wenn das stimmen sollte: Wie gehen dann jene Leute vor? Welcher Manipulationstechniken bedienen sich die Manipulateure?

Die Manipulation ist nicht nur ein unheimliches, sie ist in erster Linie ein *unerkanntes* Phänomen, denn man kennt die Manipulation noch lange nicht, wenn man sie definieren kann.

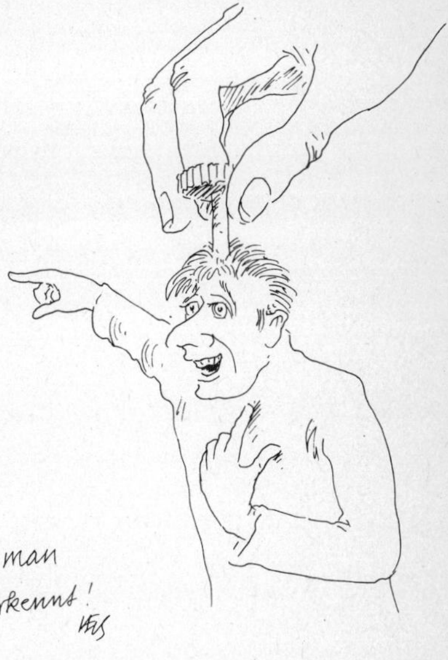

Manipulation erkennt man unter anderem daran, daß man sie nicht erkennt! HES

Zu erkennen sind die psychologischen Schleichwege, die Kniffe, Fußangeln, Täuschungen und trügerischen Schiebungen – soweit sie bekannt sind, aber alle Varianten kennt wohl keiner. Ihre Zahl ist zu groß, um sie alle (die uralten und die neuartigen) zu überschauen. Dennoch ist immer noch genug vorhanden, was dingfest gemacht werden kann, und das soll hier geschehen. Zunächst aber soll der Begriff selbst durch eine Definition etwas erläutert werden.

Der Begriff *Manipulation*, hergeleitet vom Lateinischen *manus*, die Hand, begegnet uns im mittelalterlichen Latein. Ein Beleg stammt unter anderem aus dem 12. Jahrhundert. In der Legende vom heiligen Genulf wird berichtet, daß ein Ehemann seine blinde Frau zu ihm geführt habe, und Genulf sie sehend machte. Für das Führen der Blinden an der Hand wird das Wort *manipulare* verwendet: ein tröstlicher Hinweis, daß wir trotz Manipulation sehend werden können.

Der ursprüngliche Sinngehalt steckt noch in manchen Definitionen der Manipulation, wie zum Beispiel einer »kunstgerechten Handhabung, Anwendung der nötigen Handgriffe«, so das Konversationslexikon von Brockhaus aus dem Jahr 1929.

Später erklärte man Manipulation kritischer, aber auch nicht sehr viel präziser. In Meyers Enzyklopädischem Lexikon von 1977 finden wir dazu: »Beeinflussung des Menschen (als Einzelwesen oder als Gruppe) zum Zwecke einer systematischen zielgerichteten Lenkung und Prägung des Bewußtseins, der Denkgewohnheiten, Gefühlslagen. Manipulation verhindert selbständige Entscheidung, gefährdet die personale und soziale Autonomie des Betroffenen, begünstigt emotional-affektuelles statt rationales Sichentscheiden, baut jedoch gleichzeitig neue, gewünschte soziale Leitwerte und Beurteilungsmaßstäbe auf, auf denen auf gelernte einfache ›Signale‹ hin reagiert wird.«

Lösen wir diese etwas verworrene Difinition auf und ergänzen sie durch weitere »essentials«, nämlich durch erforderliche Bestimmungen.

1. Manipulation ist *eine* Beeinflussungsform: also nicht jede – wie es manche überzogene Definition nahelegen möchte. Es kommt darauf an, sie »richtig« einzugrenzen. Nach unserer Auffassung deckt sie nur einen kleinen Teil des Gesamtumfangs der Beeinflussung ab. Mit anderen Worten: Erziehung, Therapie, Information, Predigt, sogar Propaganda und Werbung sind zwar auch Beeinflussung, in der Regel aber *keine* Manipulation. Sie können es sein, wenn sie die nachfolgenden

Bestimmungen erkennen lassen. – Andererseits geht Manipulation auch über die Beeinflussung hinaus in das Gebiet der Einwirkungen, wie es die Grafik auf Seite 11 verdeutlicht. Bei den Manipulationen innerhalb der direkten Einwirkungen dreht es sich um Hirnreizungen oder sonstige chirurgische Eingriffe, um Drogenwirkungen oder rituelle Deformationen, um Eingriffe in Auslese und genetische Vererbung zum Zwekke der Veränderung von Natur und Verhalten des Menschen. Diese werden hier ebensowenig in unsere Erörterungen einbezogen wie jene »Manipulation«, die, als Manipulator bezeichnet, eine handähnliche technische Vorrichtung ist, um beispielsweise hinter einer Strahlenschutzwand mit radioaktiven Substanzen hantieren zu können. Es geht uns also ausschließlich um die psychischen Manipulationen, auch in dieser Einengung noch ein riesiges Gebiet, bei dem wir keine Vollständigkeit erreichen können.

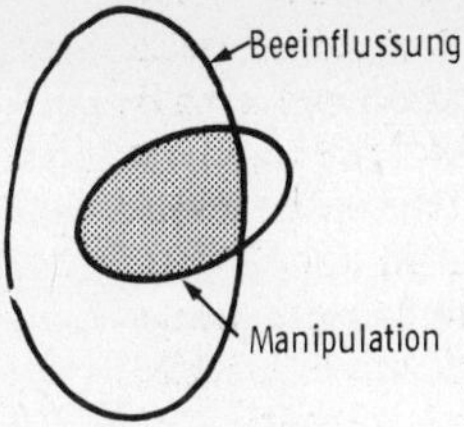

2. Manipulation unterscheidet sich von vielen Beeinflussungen anderer Art durch ihre *Intensität.* Es handelt sich bei ihr um keine Nebenbei-Beeinflussung, sondern um eine nachhaltige und nachdrückliche Beeinflussung, die tief in den von Manipulation Betroffenen eindringen soll – auch wenn das nicht auffallen darf. An dieser Stelle liegt die Begründung für die unterschiedlichen Methoden der Manipulation gegenüber anderen Formen von Beeinflussung.

3. Die Manipulateure können nicht offen und ehrlich ihre Zwecke ankündigen, sonst müßten sie mit Überzeugungskraft ganz andere Wege der Beeinflussung beschreiten. Der Manipulateur benutzt vielmehr die Unkenntnis des Betroffenen oder täuscht über seine wahren Absichten hinweg, um – im Bild gesprochen – im trüben fischen zu können. Manipulation stützt sich auf eine andere Motivierung als die übrigen Formen von Beeinflussung: Es kommt bei ihr auf die verdeckte, verheimlichte, *indirekte Zielsetzung* an, die den Betroffenen hintergeht, die ihm etwas vormacht, um ihn um so sicherer in die Fänge zu

bekommen. Manipulation täuscht den Betroffenen, streut ihm Sand in die Augen und dreht ihm eine Nase. Manipulation ist also auch *Irreführung*.

4. Manipulation ist zielgerichtete Beeinflussung zum Vorteil des Manipulateurs. Manipulation kann zwar gelegentlich auch im Interesse des Manipulierten liegen, entscheidend ist aber der *Eigennutz* des Manipulateurs. Somit prellt Manipulation meist den Betroffenen, zeitigt für ihn Nachteile oder zumindest keine primären Vorteile, denn sonst könnte auf Manipulation verzichtet werden und an ihre Stelle offene Erklärung der Vorzüge treten. Thematisch liegen die Manipulationsziele auf wirtschaftlichen, politischen, weltanschaulichen, wissenschaftlichen, privaten – eigentlich auf allen Gebieten. Ebenso wie jeder von Manipulation betroffen werden kann, gerät er auch unversehens in Gefahr, selbst andere manipulieren zu wollen. Das Thema Manipulation kann auch der kritischen Selbsterkenntnis dienen.

5. Mit Manipulation *zwingt* man jemand zu einem bestimmten Verhalten, indem man eine Situation schafft, durch die der Betroffene nicht anders kann, als genau wie vorgesehen zu handeln. Man muß also bestimmte fundamentale psychische Mechanismen einschalten, die die Freiheit des Handelns einzuschränken in der Lage sind. Diese Mechanismen sind theoretisch verankert in einer Reihe von psychophysiologischen, verhaltensbiologischen, sozialdynamischen, gestaltstheoretischen und klinisch-psychologischen Gesetzmäßigkeiten. Daraus ergeben sich die fünf Hauptformen von psychischer Manipulation, die die folgende Übersicht zusammenfaßt.

Die fünf Hauptformen der psychischen Manipulation

A. Geistige Manipulation

Durch Eingriffe in den Denkablauf wird die Gedankenfolge so verändert, daß dem Betroffenen manipulierte Urteile und Einstellungen aufgedrängt werden können.

B. Bedürfnismanipulation

Bedürfnisse, die weit über den Bedarf hinausgehen, eignen sich zur manipulierten Überwältigung, wenn ihre Unabdingbarkeit zwingend nahegebracht werden kann.

C. Gefühlsmanipulation

Verführte Gefühle dienen zur Überdeckung vernünftiger Gedanken und ermöglichen die manipulative Durchsetzung eigennütziger Ziele des Manipulateurs.

D. Gleichschaltungsmanipulation

Der in den Gemeinschaftsbildungen liegende Konformitätsdruck wird zu bestimmenden Handlungsregulativen ausgenutzt, gegen die nicht verstoßen werden darf.

E. Symbolmanipulation

Tiefenpsychische Schlüsselreize werden in allgemeingültige Symbole verwandelt, die – dem Manipulateur nützliche – Verhaltensrichtungen zwanghaft durchsetzen sollen.

Dem Manipulateur müssen diese Zusammenhänge nicht bekannt sein; es genügt, wenn er die Techniken beherrscht. Demgegenüber muß sie der Entdecker von Manipulationsmißbrauch zumindest teilweise kennen, zumal die Beseitigung von Manipulation ohnehin schwerer ist als ihr Einsatz.

6. Neben der bisher beschriebenen inhaltlichen Charakteristik ist die Manipulation bestimmt durch ihre *suggestive Methodik.* Diese dient der psychischen Fesselung. Wir unterscheiden zehn Einzelverfahren suggestiver Methodik: Diesen Methoden wird das Hauptaugenmerk des Buches beziehungsweise der Sendereihe gelten. (Eine detaillierte Erörterung der zehn Suggestionsmethoden findet man in dem Buch von H. Benesch: Handbuch zur Praktischen Psychologie, 3. Auflage, Tübingen 1973, Seite 155ff.)

a) Repetition: Systematische Wiederholung einprägsamer Formeln
b) Dynamische Strukturierung: Gegenständliche Gestaltung von Spannungsgefügen
c) Frappierung: Darstellung von vermeintlichen Gewißheiten
d) Emotionale Gradierung: Steigerung von physisch-emotionaler Bewegung
e) Soziale Regulation: Erregung von Außenseiterbesorgnissen
f) Prospektion: Anbindung an zukünftige Ereignisse
g) Dispensation: Entsachlichung realer Bezüge und Bindungen des Alltags
h) Stimulation: Verwendung bestimmter Schlüsselreize zur Verklammerung mit den Manipulationszielen

i) Faszination: Herstellung von Ausdrucks- und Idolbeziehungen zum Zweck von Bannungen
j) Repudiation: Ironisch-sophistische Formulierungen der Gegenmeinung, um für die eigene Meinung Hemmungen abzubauen.

7. Manipulation ist notwendigerweise *unbekanntes* Tun. Sie darf nicht auffallen, sie muß als Manipulation unerkannt bleiben, weil sie sonst sofort Mißtrauen erregen würde. Sobald dies geschieht, ist ihre erstrebte Wirkung erschwert oder zunichte gemacht, denn die Menschen wollen nicht manipuliert werden. Sie sind im allgemeinen sehr besorgt, ihre Integrität oder innere Freiheit zu verlieren. Das ist für uns eine große Chance, die Manipulateure durch Aufdeckung ihrer Handlungsweise zurückzudrängen. Solange dies noch nicht geschehen ist, bleibt die Manipulation eine geheime Beeinflussung.

8. Manipulation braucht die leichte Zugänglichkeit, die Suggestibilität der Manipulierten. Denn auch der Manipulateur muß Bedingungen einhalten, muß bessere oder schlechtere Voraussetzungen berücksichtigen. Deshalb achtet er auf die leichter Manipulierbaren: auf die Schlecht-Informierten und Unwissenden, auf die Naiven und die Isoliert-Lebenden, auf die Nicht-Leser oder Schwach-Leser (besonders unter den Berufsintellektuellen), auf die Unkonzentrierten und nur halb Hinhörenden, auf Leute in hochaffektiven oder Massensituationen, auf die Selbstunsicheren, die Tagträumer, die Leichtgläubigen, auf die Wirklichkeitsblinden, die zur Schonung ihrer Anschauungen nicht alles sehen wollen, auf die unkritischen Zeitgenossen mit geringem geistigen Selbstanspruch, auf diejenigen, die den geistigen Mühen aus dem Weg gehen, auf die strammen und fanatisierten Parteigänger, auf die Initiative-Müden, auf die von sich Eingebildeten, auf die Menschen mit starken, scheinbar unabdingbaren Bedürfnissen, auf Leute mit gering entwickeltem Langzeitgedächtnis, auf die, die sich nur kurzfristig für etwas interessieren, auf diejenigen mit geistigen Scheuklappen und einem ganz kleinen Gesichtsfeld, auf die Ängstlichen und Leichtverletzlichen, auf die aggressiv Erregbaren. Irgendwo unter diesen Gruppen finden wir uns wohl alle wieder: Also dürfte jeder von uns reif für einen entsprechenden Manipulateur sein. Und wenn alle Stricke reißen, kann man die Suggestibilität, wo sie zu schwach scheint, steigern oder stärken.

9. Diese eben erwähnte Willfährigkeit der Betroffenen ist die eine Seite der nötigen Leichtzugänglichkeit für Manipulationen. Die andere Seite betrifft die Erleichterungen für das

Publikum. Die Eingängigkeit wird auf Kosten der Wahrhaftigkeit erreicht. Manipulierte Mitteilungen verheimlichen die Kompliziertheit und Differenziertheit der Themen und stellen sie so einschichtig dar, als ließe sich die Welt auf einen simplen Nenner bringen. Ferner müssen erst möglichst viele Vorurteile bejaht und bestätigt werden, ehe die eigentlichen Beeinflussungen angebracht werden. Diese müssen in leicht verabreichbaren Häppchen, gut mit Süßigkeit umhüllt und garniert mit gängigen, liebedienerischen Floskeln (»für Sie als kritischen Beobachter...«), serviert werden, damit sie ungehindert eingehen.

10. Manipulationen vermeiden rationale Schlußfolgerungen und stützen sich auf verschiedenartige Abwege. Dabei nützen irrationaler Aberglaube ebenso wie unbegründete Hoffnung, platte Selbstverständlichkeit und leere Versprechung ebenso wie unsachliche Behauptung. Bei Manipulationen geht es mehr um Stimmungen und Bilder als um logische Begründungen – in der Hoffnung, daß sich diese intensiver als Vorurteile niederschlagen, anstatt als Urteile alsbald wieder vergessen zu werden. Fassen wir die letzten vier Punkte zusammen, so ergibt sich ein Manipulationsdreieck aus drei Bedingungen:

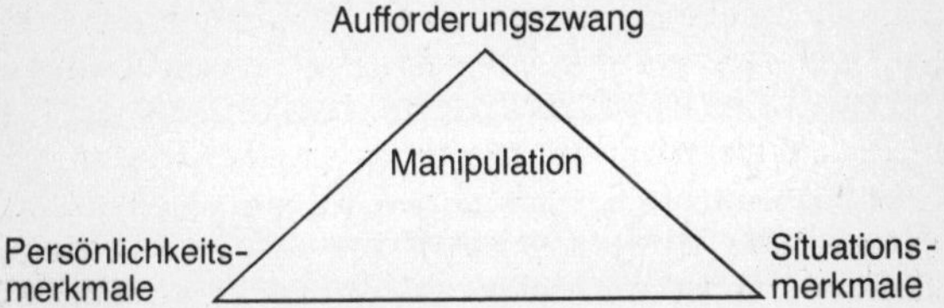

dem Aufforderungszwang der verschiedenartigen Manipulationstechniken, den Persönlichkeitsmerkmalen der an der Manipulation Beteiligten, sofern sie der Manipulation entgegenkommen, und den Situationsmerkmalen, die die Voraussetzung für die Manipulationswirkung schaffen.
Mit anderen Worten heißt das, daß zur Manipulation nicht nur ein bedenkenloser Manipulateur gehört, sondern auch jemand, der sich manipulieren läßt, weil er die Widerstände dagegen nicht kennt oder die Situation es nicht anders zuläßt.

11. Manipulationen sind schwer aufhebbar, weil diejenigen, die sie anzuwenden gelernt haben, selten ein Interesse daran haben, sie in ihrer Wirkung abzuschwächen. Da sich nun einmal Massen (in ihrem heutigen, noch unaufgeklärten Zustand) besser durch Suggestionen als durch Einsichten und Kenntnisse

dirigieren lassen, ist es für alle Herrschenden bequemer und erfolgversprechender, nicht allzu viel auf Wissenschaft und geistige Minderheiten Wert zu legen. Es gibt also kaum ein Interesse der Mächtigen, die Manipulation zu entlarven. Man würde es sich dadurch nur schwerer machen. Und außerdem könnte das eigene Tun unmoralischer aussehen. Folglich enthält Manipulation in sich bereits eine Tendenz zum Widerstand gegen ihre eigene Aufhebung.

12. Kennzeichen der Manipulation ist die Unterschätzung ihrer Wirkung auf einen selbst. Man trifft selten einen Menschen, der von sich sagt, er sei auch ein Produkt geistiger Manipulation. Schon Goethe hat sich darüber lustig gemacht:

»Ein Jemand sagt: ›Ich bin von keiner Schule
Kein Meister lebt, mit dem ich buhle;
Auch bin ich weit davon entfernt,
Daß ich von Toten was gelernt.‹
Das heißt – wenn ich ihn recht verstand:
Ich bin ein Narr auf eigne Hand!«

Nicht die Leugnung von Manipulationswirkungen auf uns – und die Verkennung von Manipulationsmaßnahmen durch uns – beseitigt die Gefahren, sondern allein der richtige Abbau von Manipulationsbestrebungen.

Der eigentliche Zweck des Buches ist die Erörterung von Möglichkeiten zur Abwehr von Manipulationen. Es ist zwar der Sinn aller Manipulationen, uns wehrlos zu machen. Wir sind aber nicht wehrlos. Es gibt eine Reihe von Gegenmitteln, die uns wie bei Infektionskrankheiten mehr oder weniger immun machen können.

Diese Gegenmittel betreffen sowohl die individuelle Immunisierung unter eigener Anstrengung beziehungsweise die Unterstützung bereits gegebenen Schutzverhaltens als auch andererseits die bisher vernachlässigte öffentliche Zurückweisung von Manipulationen. Wir unterscheiden dabei sechs Gruppen:

1. Kritische Kenntnis der Manipulation

Man könnte dazu das alte Sprichwort »Wissen ist Macht« heranziehen und erweitern: Wissen ist Entmachtung des Manipulateurs. Denn wer weiß, wie manipuliert wird, und wer die Techniken der Manipulation kennengelernt hat, der entdeckt sie immer besser und schneller, er entwickelt eine Überlegenheit, die dem Manipulateur das Handwerk erschwert.

2. Verstärkung autonomen Selbstbewußtseins

Von Kindesbeinen an wird der Mensch »von den Großen« überwältigt. Mit Mühen muß er sich seine natürliche Selbständigkeit erringen – manchen gelingt das nie. In dieser Ablöseproblematik übt man den defensiven Schutz vor Überrumpelungen. Diese Barrieren können auch nutzbar gemacht werden, indem man sie bewußt zum autonomen Selbstbewußtsein verstärkt.

3. Abbau der Faszination

Bei Schutzimpfungen immunisiert man durch leichte Infekte oder durch Gegenmittel. Bei psychischen Manipulationen kann man ungerechtfertigte Faszination, die uns manipulativ überwältigen soll, durch Übersättigung, die einen Ekel vor der Manipulation erzeugt, immunisieren. Man kann aber auch als Gegenmittel seine Handlungsfolgen beschneiden oder überhaupt die manipulative Situation zu meiden versuchen. Die aktivste Form des Abbaus von Faszination ist die absichtliche Störung suggestiver Einwirkungen.

4. Aufbau aktiven Widerstands

Im Mittelpunkt des individuellen Widerstands gegen Manipulation stehen Selbsterkenntnis und Zivilcourage. Die aktive Selbsterkenntnis umfaßt für diesen Zweck:

a) ein bewußtes Selbstbild,
b) die Prüfung der manipulativen Belastbarkeit (hinsichtlich der Bedürfnisse, der Sympathie-Antipathie-Bevorzugungen, der geistigen Vorurteile, der Konformitätsnachgiebigkeit),
c) die Selbstkontrolle durch Begrenzung,
d) die Selbstförderung durch die Zielmotivierung und Verhalteinseinübung.

Die Zivilcourage umfaßt für diesen Zweck:

a) die Lob- und Kritikbelastbarkeit,
b) die Artikulierung von Gegenpositionen, ehe sie bekämpft werden,
c) den Mut, Manipulationen anzuprangern, auch wo es nicht opportun scheint (und das ist fast durchgängig der Fall).

5. Öffentliche Gegenwehr

Der einzelne kann nur sich schützen, und wir haben gesehen, wieviel dazu gehört. Folglich wird der individuelle Widerstand gegen Manipulation nur Stückwerk bleiben müssen. Soll die Manipulation keine Wachstumschance erhalten, so ist die Gegenwehr auch eine öffentliche Aufgabe. Wenn beispielsweise eine eigennützige Manipulation weitverbreitete Angstgefühle verstärkt (wie in einem später zu schildernden Fall geschehen), so wäre das eine Frage der *Prävention* (primäre Prävention soll das Auftreten, sekundäre die Weiterentwicklung, tertiäre die Folgen psychischer Gestörtheit verhindern). In qualifizierter Form gibt es zur Zeit noch niemanden, der sich dafür zuständig fühlen müßte.

6. Gegenmanipulation

Wer die notwendige Mühe scheut, erst die Manipulationstechniken zu durchschauen, ehe er sie bekämpft, neigt zur Ansicht: Manipulation ist nur durch Gegenmanipulation auszurotten. Diese Ansicht ist falsch. Gegenmanipulation beseitigt nicht die Manipulation, sie stockt sie auf. Denn der Manipulateur fühlt sich durch Gegenmanipulation nicht entlarvt, sondern bestätigt. Er wird nach noch wirkungsvolleren Manipulationstechniken forschen. – Das heißt aber nicht, daß gegenüber Manipulation resigniert werden muß. Im Gegenteil. Da sich der Manipulateur zumeist nicht als Manipulateur erkennt oder zu erkennen gibt, muß man ihm immer wieder die moralische Wurzel seiner Manipulationsbereitschaft vor Augen führen: seine Menschenverachtung.

Diese Möglichkeiten und Grenzen der Abwehr von Manipulation publik zu machen, dürfte besonders in demokratischen Staaten wichtig sein. In Diktaturen ist es nutzlos, dazu müßten erst die Diktaturen als vollendetste Formen von Manipulation abgeschafft werden. Dagegen lohnt sich die Publikmachung in Demokratien nicht nur, sie ist sogar demokratisch geboten, denn in demokratischen Staaten besteht auch die größere Freiheit für die kleinen und großen Manipulateure.

In der Demokratie ist auch die Gegenwehr freibleibend, das heißt, dem einzelnen mehr oder weniger beliebig in die eigenen Hände gelegt. Nur reicht das nicht aus. Die Manipulateure verfügen in der Regel über so große Einflußmittel, daß der Bürger keine Chancengleichheit besitzt: Er kennt zumeist die intensiv erarbeiteten Manipulationsverfahren nicht. Hier ist Aufklärung erforderlich, und zwar eine »zweite« Aufklärung, die nicht nur die Volksbildung, sondern auch die geistige Emanzipation einbezieht.

Das kann natürlich nicht ein einzelnes Buch bewirken. Es kann jedoch einen Impuls geben für weitere erforderliche Anstrengungen, um auf dem steinigen Pfad der geistigen Emanzipation spürbarer voranzukommen.

1 Die stärksten Mittel der Beeinflussung

Hypnose als Beeinflussung

Dem Namen nach kennt jeder die Hypnose, direkte Erfahrung mit ihr hat jedoch kaum jemand gemacht. Man erinnert sich der unnatürlichen Haltung von Hypnotisierten und ihrer Vorführung verrückter Verhaltensweisen auf Anweisung von Varieté-Hypnotiseuren.

Diese bewußtlosen Zustände erregen Mißtrauen und Sorge, im Hypnosezustand in eine ähnliche Lage geraten zu können. Was Wunder, wenn die meisten Menschen Hypnose an sich selbst ablehnen und kaum ein Arzt oder Psychologe sie als therapeutisches Hilfsinstrument einsetzen möchte. Dabei wird übersehen, daß Hypnose nicht nur ein Varietékunststück, sondern auch eine Linderungsmöglichkeit für Menschen in bestimmten psychisch bedrängten Lagen sein kann.

Interessant für uns ist aber die Abneigung gegen Hypnose. Sie zeigt uns die natürliche Abwehrbereitschaft, den Widerwillen des Menschen gegen zu intensive Eingriffe in seine Selbständigkeit. Kaum jemand möchte in einen wehrlosen Zustand besinnungsloser Abhängigkeit von einem anderen Menschen verfallen. Nicht wenige der mitmenschlichen Konflikte haben hier ihre Wurzel: Der eine möchte bewußt oder unbewußt den anderen unterjochen, der andere jedoch möchte seine Selbständigkeit beibehalten oder erlangen.

Neben der sogenannten Massenhysterie, die wir später erörtern werden, ist die Hypnose das eine der beiden stärksten Mittel der Beeinflussung. Und natürlich kann sie eine Manipulation sein. Sie zwingt den Menschen in einen hilflosen, abhängigen Zustand willenloser Bereitschaft, in dem man mit ihm fast alles machen kann, was er mit vorsichtiger Aufmerksamkeit kaum mitmachen würde.

Die Hypnose hat eine wechselvolle Geschichte. Man kannte sie bereits im Altertum, zum Beispiel als den sogenannten Tempelschlaf. Für das ausgehende Mittelalter ist sie durch den Leibarzt eines französischen Königs, Agrippa von Nettesheim, nachgewiesen. Dieser Agrippa von Nettesheim beschrieb die suggestiven Manipulationen bereits um 1500 in einem Buch in noch heute gültiger Form. Als er wegen seiner Künste als Zauberer eingesperrt wurde, ließ man ihn bald wieder frei, weil er auch im Gefängnis noch Heilerfolge erzielte. Im Jahr 1646 wiederholte der Jesuitenpater Anastasius Kircher ein zehn Jahre vorher von Daniel Schwenter beschriebenes Tierexperiment mit Hypnose, auf das wir noch zurückkommen. Ein wichtiger Mann für die Geschichte der Hypnose wurde im 18. Jahrhundert der Arzt Franz Anton Mesmer. Er glaubte, die Hypnose als Magnetismus erklären zu können, und bediente sich deshalb sogenannter magnetischer Striche, die einen hypnotischen Heilerfolg bringen sollten. Mesmer trat dabei in violetten Gewändern auf und ließ während seiner stundenlangen merkwürdigen Prozeduren Musik spielen. Er war übrigens ein Freund Mozarts.

Ungefähr zur gleichen Zeit berichtete ein Geistlicher, Abbé Faria in Paris, von seinen Erfahrungen in Indien, wo er allein »durch die Macht des Bezwingens durch den Blick« (wie er es nannte) und mit Zuruf seine Versuchspersonen blitzartig in hypnotischen Schlaf versetzte. Alle diese Versuche stießen auf einhellige Ablehnung. Erst im 19. Jahrhundert erkannte der englische Chirurg James Braid durch Zufall eine weitere Möglichkeit der Hypnose. Braid erlebte einen Bühnenhypnotiseur, der scheinbar mühelos seine Versuchspersonen zum Einschlafen brachte. Er benutzte und propagierte daraufhin die Hypnose als Narkosemittel, das so lange als sogenannter »Braidismus« verwendet wurde, bis ihm das Chloroform als neu entdecktes und scheinbar einfacheres Mittel den Rang ablief. Es dauerte schließlich noch einige Jahrzehnte, bis in Frankreich an mehreren Orten gleichzeitig Hypnose als Mittel der psychotherapeutischen Heilbehandlung für psychische Störungen und Erkrankungen erkannt wurde. Aus diesen Erfahrungen leitete Sigmund Freud in erheblicher Abänderung seine Psychoanalyse ab, die sich weltweite Geltung verschaffte. Demgegenüber fristet die Hypnose auch heute noch in der Psychotherapie ein bescheidenes Dasein.

Bei unserer Demonstration einer Hypnose im Fernsehen haben wir die Hypnoseeinleitung, also die Herbeiführung eines schlafähnlichen Zustandes, nicht gezeigt. Das hat einen wichtigen Grund. Bis heute nämlich wissen wir nicht genau, wie viele Fernsehzuschauer durch das Ansehen einer solchen Demonstration selbst in Hypnose fallen könnten, wenn wir die Anbahnung und Einleitung der Hypnose zeigen würden. Daß man auch über den Fernsehschirm hypnotisieren kann, steht außer Zweifel. Fraglich ist nur die Anzahl der hypnotisierten Zuschauer, die Hypnosetiefe und die spezifischen Bedingungen

der fernsehvermittelten Hypnose. Deshalb wurden nur die bereits Hypnotisierten gezeigt.
Nach einer Befragung von Experten kann man bei optimalen Bedingungen mit der Hälfte der Zuschauer rechnen, die bei einer Hypnoseeinleitung vor dem Fernsehschirm hypnotisierbar wäre. Man muß bei diesem Gedanken einen Moment verweilen. Sicher kommt es dabei auf die richtige Form der Hypnoseeinleitung an, aber das ließe sich für den Fachmann nicht zu schwer bewerkstelligen. An manchen Freitagabenden, zur besten Fernsehzeit, sehen manchmal 30 Millionen Zuschauer das gleiche Programm. Das entspricht einer Gänsemarschkette, die fast um den ganzen Erdball reicht. Man stelle sich eine solche, von einem einzelnen hypnotisierte Menschenmasse vor.
Aber auch diese Überlegungen zeigen noch nicht die ganze Tragweite der Manipulation. Während der Hypnose läßt sich ein sogenannter posthypnotischer Befehl aussprechen. Beispielsweise kann man während der Hypnose anordnen, daß der Hypnotisierte zu einem bestimmten Zeitpunkt nach der Hypnose, der bis zu einem Jahr später liegen kann, wenn er also schon längst nicht mehr an seinen früheren hypnotischen Zustand denkt, diesen Befehl ausführt. Das gelingt zwar nur bei einem geringen Prozentsatz, aber wir wollen gar nicht ausführen, welchen Unfug man damit treiben könnte.
Nun, dies erscheint plausibel, aber – so fragen sicher einige – wer würde die Hypnose schon so verantwortungslos einsetzen wollen? Oder sind die anderen Manipulationsmethoden weniger gefährlich? Man kann letzteres zumindest als sehr fraglich ansehen. Wir werden im folgenden noch den Gegenbeweis liefern. Die Hypnose dient uns nur als auffälligstes und stärkstes Beispiel, bei weitem nicht als das wirkungsvollste Beispiel! Anhand der Hypnose können wir aber eine Reihe von Merkmalen, die für alle Manipulationsformen zutreffen, erläutern. Psychische Manipulation, so wie wir sie hier als Unterjochung unter einen fremden Willen verstehen, kann nicht beziehungslos als vereinzelte Handlungsweise eingesetzt werden. Denn so könnte sie nur gelegentlich Zufallstreffer zeitigen. Manipulation ist planmäßige, intensive und *systematische* Beeinflussung. Das System muß für den Manipulateur nicht durchsichtig sein; aber er muß sich mehr oder weniger strikt danach richten. Der besseren Übersicht wegen nehmen wir eine Gliederung in vier Manipulationsgrundlagen vor.
Zunächst braucht man für die Hypnose wie für jede Manipulation ein günstiges *Ausgangsklima.* Wo Mißtrauen herrscht,

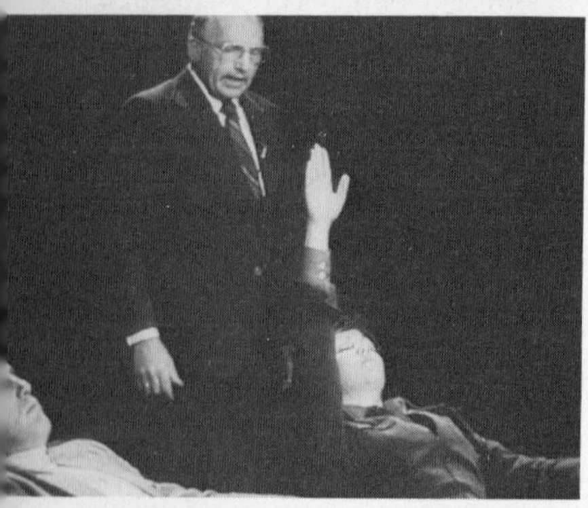

»Und die Ruhe bleibt. – Und die Ruhe bleibt.«
Mit dieser Formel hält der Versuchsleiter (Arzt Dr. Flachsmeyer) die Versuchspersonen in der Hypnose. Sie liegen völlig entspannt und regungslos in ihren Sesseln.
Der Hypnotiseur gibt einer Versuchsperson den Befehl, den Arm zu heben. Der Arm wird gehoben und mit solcher Kraft gehalten, daß ein anderer ihn nicht herunterdrücken kann. In der Hypnose kann der Mensch größere Energie aufbringen als im Wachzustand; die Hypnose ist das stärkste Mittel der Beeinflussung.
Auf den Befehl des Hypnotiseurs erwachen die Versuchspersonen aus der Hypnose. Sie werden befragt und geben Auskunft: Von den Geräuschen im Raum haben sie verschiedene wahrgenommen. An einige Phasen haben sie keinerlei Erinnerung.
Sie haben die Hypnose als angenehm empfunden, und nachher fühlen sie sich völlig entspannt.
Der Hypnotiseur erklärt, daß er auf die Mitwirkung der Versuchspersonen angewiesen ist. Gegen den Willen kann man nicht hypnotisiert werden. Damit ist Hypnose für Manipulation nur bedingt verwendbar, da man sich widersetzen kann.

stellt sich die gewünschte Wirkung nicht ein, der Betreffende reagiert vorsichtig und wird abwehrend, oder er reagiert prompt anders als angestrebt. Entsprechend benötigt der Manipulateur vorab eine Atmosphäre des Zutrauens. Bei der Hypnose geschieht das durch ein sogenanntes Vorbereitungsgespräch, wenn die Versuchsperson bisher noch keine Hypnose erlebt hat.
Dabei fließt meist schon die nächste Manipulationsrate ein: die *Bedürfnisweckung*. Für den Manipulateur ist in der Regel die vorhandene Motivation nicht ausreichend. Er benötigt nicht nur abgegriffene Wünsche, sondern ein heftiges Verlangen, ein Spannungsklima. Der Grund dafür liegt in der Tatsache, daß

den größten Anteil der Beeinflussung die Selbstbeeinflussung ausmacht. Auch dafür gibt es Manipulationstricks, auf die wir später noch eingehen werden.
Nun erfolgt erst die eigentliche Manipulationsquote, die der ungeschickte Manipulateur an den Anfang stellen würde: die *Selbstunterwerfung* des Manipulierten, bei der Hypnose der sogenannte Rapport. Man suggeriert dem zu Hypnotisierenden eine zunehmende Müdigkeit, also schon ein Ziel der Beeinflussung, stellt es ihm möglichst plastisch vor Augen und prüft dann nebenbei, wie weit bereits die Wirkungen gehen. Der Manipulierte überträgt dabei seine Selbständigkeit auf den Manipulateur, entweder identifiziert er sich mit ihm, oder er räumt ihm eine Rolle als absolute Autorität ein. Der Manipulateur seinerseits kommt diesem Wunsch entgegen, indem er dem Manipulierten gegenüber mit Überzeugung seine unanfechtbare Meisterschaft voller Festigkeit, aber auch mit Wohlwollen erkennen läßt. Der Rapport der Hypnose (definiert als »exquisiter Zustand einer Abhängigkeitsbeziehung«) besteht in der beflissenen Ausführung der Anordnungen des Hypnotiseurs durch den Hypnotisierten, wobei er sich in einem Trancezustand befindet.
Wer nun glaubt, dieser Vorgang genüge für das Verständnis der Manipulation, wird sie kaum erfassen können. Jetzt nämlich erst folgt das, was der Einwirkung im Unterschied zu einem kurzfristigen Einfluß Dauer verleiht: die *Verhaltensverstärkung*. Sie wird dadurch bewirkt, daß man den Manipulierten in seinem Verhalten bestätigt, ihm mögliche Reste an Hemmungen als erwiesenermaßen unbegründet darlegt und ihm sein erfolgreiches Tun bescheinigt. Dadurch wird die langfristige Nachwirkung und unter Umständen die Weiterleitung der Beeinflussung über den Manipulierten hinweg auf die seinerseits durch ihn Manipulierten erreicht. Letzteres läßt sich auch bei Hypnosen beobachten, denn im allgemeinen sind Gruppenhypnosen, bei denen sich die Teilnehmer gegenseitig bestärken, leichter zu bewerkstelligen als Einzelhypnosen.

Die sogenannte Tierhypnose

Das berühmteste tierhypnotische Experiment stammt von dem Jesuitenpater Anastasius Kircher aus dem Jahr 1646. Das erstaunlichste daran ist, daß die dabei angewendeten Techniken bis heute kaum verändert wurden. Kircher band ein Huhn

über den Flügeln zusammen und legte es auf die Seite, und zwar in Augenhöhe über einem Kreidestrich. Nach einer gewissen Erregungsphase konnte man das Huhn losbinden, und trotzdem blieb es regungslos liegen. Ein relativ leichtes Verfahren ist das folgende:
Man hält einem Huhn einen glänzenden Gegenstand, etwa einen glitzernden Ring, vor Augen und beschattet allmählich das Auge von oben nach unten. Mit ziemlicher Sicherheit sinkt daraufhin das Huhn schlafend zu Boden. Eine weitere Manipulation beim Huhn bezeichnet man als »klassisches Verfahren«. Dazu schiebt man Daumen und Zeigefinger von hinten übergreifend unter die Flügel und dreht das Tier mit einem plötzlichen Ruck auf den Rücken. Nach einem anderen Verfahren blendet man das Huhn in einem abgedunkelten Raum durch einen Lichtstrahl.
Alle diese Verfahren haben einen gewissen Überraschungseffekt gemeinsam: die absolute Überlegenheit des Manipulateurs sowie die völlige Unterlegenheit des Tieres und seine ungewohnte Körperlage. Der Effekt ist eine Bewegungsstarre, die eine gewisse Ähnlichkeit mit einigen Hypnosemerkmalen beim Menschen hat. Aus diesem Grund spricht man von sogenannter, das heißt nicht ganz eindeutiger Tierhypnose.
Uns diente die Tierhypnose als Beispiel für die bei Manipulationen erforderliche Unterlegenheitseinübung während der Hypnoseeinleitung, die wir beim Menschen nicht zeigten, weil wir nicht mögliche Hypnotisierungen von Fernsehzuschauern riskieren wollten. Als Absicherung haben wir außerdem noch die Darstellung einer Wachsuggestion eingebaut.
Ein zusätzliches Beispiel von Tierhypnose zeigt eine Alligatorhypnose aus dem Zirkus. Der Alligator wird mit einem Ruck auf den Rücken geworfen und verharrt dann in regloser Haltung. Darüber hinaus läßt sich noch eine weitere Einleitungsform von Hypnosen demonstrieren.
Hunden zum Beispiel wurde vor der Futterverabreichung immer ein Klingelsignal gegeben. Schließlich genügte schon das Klingelsignal, daß die Hunde Speichel absonderten, was vorher nur allein das Futter vermochte. Dieser »bedingte Reflex« wird auch bei der Hypnoseeinleitung praktiziert. Immer vor der echten Einleitung der Hypnose bietet man ein bestimmtes Signal, bis die Verbindung von Signal und Hypnoseeinleitung so gebahnt ist, daß das Signal ausreicht, um den hypnotischen Zustand zu erreichen. Bei den Alligatoren wird die Bewegungsstarre ähnlich eingeschliffen (konditioniert). Immer wieder wird eine solche Starre verstärkt, bis sie mit großer Sicherheit

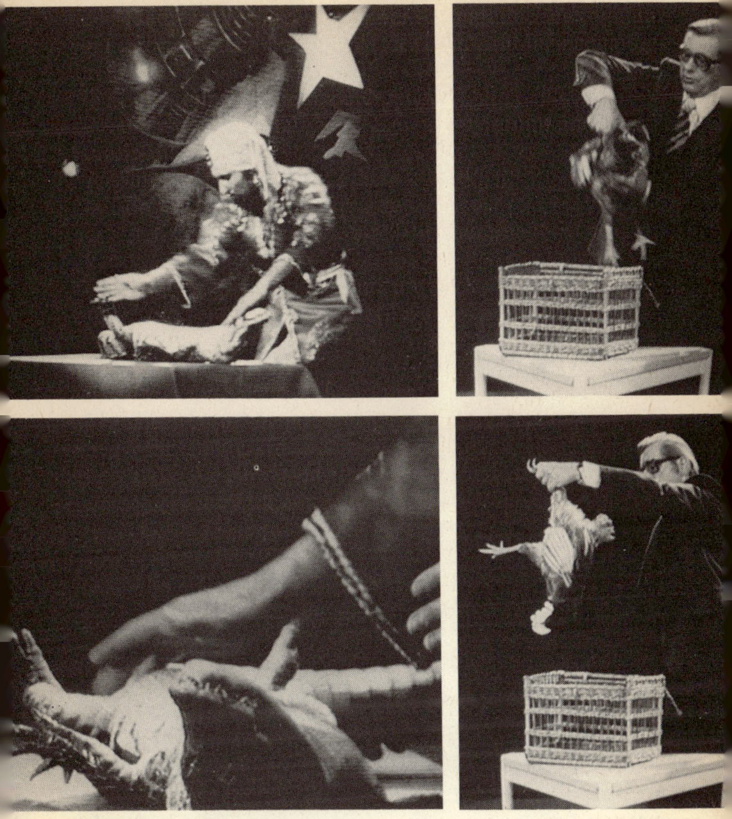

»Tierhypnose«: Viele Tiere kann man »hypnotisieren«, vielleicht alle höheren Tiere. Hier zwei Beispiele: ein Alligator und ein Huhn. Mit einem plötzlichen Griff werden sie auf den Rücken gelegt, verfallen in eine Bewegungsstarre.
Tierhypnose ist nicht dasselbe wie Hypnose bei Menschen. Aber in einem wesentlichen Punkt entsprechen sich beide: in der absoluten Überlegenheit des Hypnotiseurs und der Unterwerfung des Hypnotisierten.

auf ein bestimmtes, den Zuschauern unmerkliches Signal hin ausgelöst werden kann. Beim Menschen geht eine solche automatisierte Hypnoseeinleitung sogar so weit, daß jemand sich *selbst*, zum Beispiel durch das Ansehen einer Bildkarte, für wenige Minuten in hypnotischen Schlaf versetzen kann. Diese Hypnose (Ablationshypnose) wird unter anderem bei kurz-

fristigen Schmerzausbrüchen eingesetzt, um Patienten über sonst unerträgliche, aber schnell vorübergehende Schmerzen hinwegzuhelfen.
An der sogenannten Tierhypnose haben wir demonstrieren können, worauf es bei der Manipulation ankommt: auf die richtigen Vorbedingungen (beim Tier genügt eine äußerst ruhige Umgebung – der Mensch bedarf eines Klimas des Zutrauens und einer bereitwilligen, gespannten Erwartung), auf die Unterwerfung (beim Tier buchstäblich das auf den Rücken-Werfen oder eine ähnliche ungewohnte Lage – beim Menschen kommt es auf das ganze Spiel suggestiver Manipulation an), auf die Verstärkung (beim Tier bloße Einübung – beim Menschen Bestätigung und Erweiterung der vorgeblich berechtigten Gründe für die Manipulation).

Wie wird die Hypnose erlebt?

Nach der im Studio durchgeführten Hypnose erfolgte wie nach jeder Hypnose die Wachsuggestion. Oft wird vorher noch eine Anweisung für die nächste Hypnosesitzung erteilt, die diese vorbereitend erleichtern soll. Das eigentliche Wecken aus der Hypnose soll nicht allzu schnell erfolgen. Man erwähnt zunächst das gegenwärtige Wohlbefinden und verstärkt es nochmals. Den folgenden Text wiederholt man in bestimmten Abwandlungen: »Nun werden Sie gleich aufwachen. Nach und nach wird von Ihnen die Müdigkeit weichen. Ich werde von fünf bis eins zurückzählen, bei eins werden Sie dann erwacht sein. Wenn Sie wach sind, werden Sie sich wohl fühlen. Sie sind ausgeruht und haben keine unangenehmen Gefühlsregungen. Sie fühlen sich, als hätten Sie tief und fest geschlafen und würden nun gekräftigt erwacht sein. Fünf, vier ... drei ...« Das Zählen in umgekehrter Reihenfolge erfolgt, weil man eingeübte Hypnosen später nur noch durch das Aufzählen von eins bis fünf in der gewohnten Situation herstellen kann.
Eine solche Wachsuggestion erfolgt in tiefer und fester Stimme, aber auch einschmeichelnd leise. Aus dem Stimmton kann man heraushören, daß es sich auch dabei um eine Manipulation handelt. Genau hier soll der Betroffene ohne Widerstandsmöglichkeit unterworfen werden, wenn auch zum Zweck seiner Wachheit. Anschließend wird die Versuchsperson aufgefordert, eine genaue Beschreibung ihrer Erlebnisse während der Hypnose zu geben. Unsere Versuchspersonen äußerten sich

unter anderem folgendermaßen: »Ich fühlte mich, als ob ich geschlafen hätte...« »Es war ein sehr angenehmes Gefühl...« Keine der Versuchspersonen konnte glauben, daß sie eineinhalb Stunden in Hypnose verbracht hatte.
Wenn beispielsweise eine Versuchsperson äußert: »Ich hatte das Gefühl zu schweben und allmählich abzusinken und unterzugehen...«, wird sich der Hypnotiseur diese Formulierung merken, denn er kann sie für die gleiche Versuchsperson bei der folgenden Hypnosesitzung sehr gut verwenden, weil nichts so wirkungsvoll für den Hypnotisierten ist wie die eigenen Suggestionsbilder. Das gilt uneingeschränkt für alle Manipulationen. In manchen Psychotherapien gibt man die Gefühlsäußerungen »verbalisiert«, also in wörtlicher Umkehrung zurück, gleichsam als sprachliche Rückfahrkarte. Manche Redner versäumen nicht, erst einige typische Vorurteile des Publikums diesem wiederzugeben, ehe sie zu anderen Themen übergehen. Auch manche ungewohnten Musikstücke gefallen erst nach mehrmaligem Hören. Es ist also für den Manipulateur nicht unklug zu wissen, was die Leute »im Kopf« haben, denn nichts ist so erfolgreich und wird so gern übernommen, wie das, was man schon kennt und was man ohne weiteres von anderen wieder hört. Das ergibt das angenehme Gefühl, mit seinen Ansichten nicht allein, sondern im Einklang mit allen anderen zu stehen.
Eine Frage darf man bei der Behandlung der Hypnose nicht übergehen, nämlich die Frage, wie man sich dagegen schützt. Die Antwort ist sehr einfach: Man achte bei einem erstmaligen Hypnoseversuch nicht auf die Anordnungen des Hypnotiseurs. Wenn er sagt: »Versuchen Sie scharf meine Finger zu fixieren«, so »können Sie ja weggucken« (wie ein bekannter Hypnotiseur ängstlichen Patienten zu sagen pflegt). Kein Hypnotiseur kann Sie unter seine Hypnosegewalt zwingen. Und das ist auch der Grund, weshalb die Hypnose zwar eine der beiden stärksten Manipulationsprozeduren, aber dennoch nicht die wirkungsvollste ist: Man kann sich ihr zu leicht entziehen, wenn man nicht hypnotisiert werden will. Bei manchen anderen manipulatorischen Methoden ist zwar die Wirkung nicht so offensichtlich, dafür sind sie aber für Manipulateure viel sicherer in ihrer Anwendung.
Dazu kommen weitere Erschwernisse. Der Hypnotiseur braucht von Ihnen eine ziemlich breite Mitwirkung, ehe er mit seiner manipulatorischen Einflußnahme Erfolg haben kann:
1. Ihre Einwilligung zum direktiven Kontakt
2. Ihre ausreichende Zuwendung und Mitarbeit

3. Ihre körperliche und geistige Aufgeschlossenheit
4. Ihre innere Sammlung und Konzentration
5. Eine monotone Umweltsituation
6. Ihre Fixierung auf die vermittelten Vorstellungen.

Die Wahrscheinlichkeit für eine unversehens eingeleitete Hypnose ist also gering. Das sind aber nur einige der Hypnotisierungsbedingungen. Die folgende Tabelle führt die weiteren Hauptbedingungen, unterteilt nach denen des Hypnotiseurs A, den sachlichen Voraussetzungen, den situativen Bedingungen und dem suggestiven Zustand des zu Hypnotisierenden B, auf. Das gleiche gilt nicht mehr in vollem Umfang für die anderen der stärksten Manipulationsverläufe, die wir nunmehr behandeln wollen.

A Suggestive Befähigung	Sachliche Voraussetzung	Situative Bedingungen	B Suggestiver Zustand
Vergleichbare Eigenschaften beider Seiten	Suggestive Aufgabenstellung	Einzel-oder Massensuggestion	Informiertheit über Hypnose
Sympathieausmaß	Suggestionsverfahren	Augenblicklicher Ermüdungszustand	Kontaktzuwendung
Suggestive Kenntnisse	Suggestive Wahrnehmung	Entspannte Lage	Konzentrationsschwäche
Suggestive Erfahrungen	Dauer der Suggestion	Räumliche Nähe	Selbstunsicherheit
Suggestive Motivierungen	Verdeckung der suggestiven Ziele	Soziales Ranggefälle	Kritiklosigkeit
Soziale Einstellungen gegenüber Suggestionen	Postsuggestive Nachwirkung	Abschirmung gegen andere Reize	Initiativelosigkeit
Bedenkenlosigkeit gegenüber Suggestionen	Sachzusammenhang der Suggestionsthemen	Individuelle Einleitung der Hypnose	Bedürfnisdrang
	Ausführlichkeit des Eröffnungsgesprächs	Unterteilung und Wiederholung des Suggestions-Materials	Geistige Einengung
		Hochaffektive Situationen	Ängstlichkeit
			Hohe Suggestibilität

Massenhysterie

Die Sache hat viele Namen, von denen keiner ganz treffend ist: Massenhysterien oder auch Massenpsychosen (wobei die Begriffe Hysterie und Psychose nicht im psychiatrischen Sinn gemeint sind), Panik, Aufruhr der Gefühle, ein Rausch von Tollheit in manchen Sportstadien, ein rasender Mob bei Zusammenrottungen, die Teenagerekstasen bei enthusiastischen Konzerten, aber auch Aufruhr, Aufstände, Untergrundgärung, Herdenkoller, Kriegsfanatismus, Massenwahn sind Zustände eines Überschwangs der Erregung.

Haben wir vorher in der Hypnose eine Einschläferung erörtert, die den Menschen außer sich bringt und leicht manipulierbar macht, so sehen wir in der Massenhysterie den Gegenzug: die Über-Erregung, die alle Selbständigkeit hinwegschwemmt. Gleichartig sind beide in der Verminderung von Individualität, im Verlust kritischer Überlegenheit unter Abnahme einsichtigen Handelns. In solch einem Zustand kann man mit den Menschen viel, mit ihnen fast alles machen, was man will. Geringe Dirigierungen sind nötig, um die eigene Zielsetzung einer solchen irritierten Menge einzupflanzen. Der Massenwahn ist gleichsam der Tragesel für die huckepack aufgeschnallten Manipulationsziele.

Die Weltgeschichte ist voll von solchen Massenexzessen für gute und schlimme Ziele – meistens für schlimme Ziele: Revolutionen, Aufstände, Kriegszüge, Amokläufe, Zerstörungen, Rassenwahn, Völkermord, Massenselbstmorde, Sektenfanatismus, Vernichtungsaktionen stehen dafür. Das eigentlich Manipulatorische ist in der Methodik der Aufpeitschung zu suchen. Damit befaßt sich unser zweites Hauptthema dieses Abschnitts.

Zuvor jedoch eine Warnung, und zwar für jeden, der glaubt, so etwas könne ihm nicht passieren – er sei doch nicht ein solcher Schwachkopf, auf so etwas hereinzufallen. Das ist sicher für die einen am Beispiel der Popkonzerte und für die anderen am Beispiel der Naziveranstaltungen richtig. Aber falsch ist sicher zu glauben, es genüge nur die richtige Einsicht, und schon sei man dagegen gefeit. Die Unterschätzung der Massenmanipulation hat in früheren Zeiten bereits ungeheuren Schaden angerichtet, man sollte allmählich vorsichtiger geworden sein. Es stimmt einfach nicht, daß der Einsichtige, sogar der Gegner, sich »zurückhalten« könne. Er wird im gegebenen Moment genauso hinweggespült wie der lahme Mitläufer und der distanzierte Unbeteiligte. Die Macht der großen Massenhysterien ist stärker als die kritische Distanz. Im Augenblick des Massentrubels spielen unterschiedliche Ziele und Ansichten nur eine untergeordnete Rolle. Es fasziniert der *Rausch der Masse* selbst.

Einer der Gründe dafür ist in der Erlebnisfähigkeit des Menschen zu suchen. Eigentliches Ich-Bewußtsein empfindet er nur im konzentrierten Zustand der Aufmerksamheit, im scharfen Nachdenken und bei hoher gefühlsmäßiger Betroffenheit. Ansonsten lebt er in einer gewissen seelischen Verflachung, in der er sich selber wenig spürt. Besonders »außer sich« ist er als Zuschauer ohne innere Beteiligung. Aber er ist auch »außer sich« in einer ganz anderen Weise, die dennoch starke emotionale Beteiligungen aufweist. Dies ist der Zustand des einzelnen in einer gärenden, ekstatischen Masse. Er ist sich dann sehr stark seiner selbst bewußt, aber nicht im Sinn eines selbständigen Ichbewußtseins, sondern als Glied einer Masse. Er ist – wie man dazu sagt – ganz weg, wie von Sinnen, ganz aus dem Häuschen. Und er erlebt dabei intensiv. Er erlebt so intensiv, wie er es im Alltag, in der Familie, in der Arbeitsgruppe schwerlich kann: Nur in längerer Einsamkeit und eben in der bewegten anonymen Masse ist er dazu fähig. Sie trägt ihn zu Ekstasen, zu denen er allein nur in meditierender Selbstkonzentration gelangen könnte. Dies ist der eigentliche Grund, weshalb Massenhysterien den einzelnen fortschwemmen, auch wenn er mit den Zielen der Aktionen wenig gemein hat. Es ist der Strudel, das Chaos, das für den einzelnen undirigierbar ist und deshalb als ein höher gearteter Zustand gewertet wird. So wie man mit schräg gestelltem Kopf die Farben der Landschaft intensiver wahrzunehmen glaubt, ist der verstärkte und der verschärfte Erlebniszustand in der erregten Masse eine Intensivierung der Erlebnismöglichkeiten und deshalb, für sich genommen, verlockend und anziehend. Besonders in Zeiten der inneren Leere, unbestimmter Erwartung oder bei scheinbar unlösbaren sozialen, wirtschaftlichen oder ähnlichen Problemen breitet sich die Sucht nach solchen ekstati-

schen Betäubungen periodisch aus. Im gegebenen Fall lassen wir uns wie süchtig dazu überrumpeln.
Das ist der zweite außergewöhnliche Zustand. Der erste in der Hypnose war der hilflose Zustand einer Trance, einer Betäubung und Einschläferung. In diesem zweiten Beispiel gerät der Mensch ohne eigenes Zutun in den Rausch der Massenhysterie. Was dabei und gleichzeitig mit ihm geschieht, weist alle Merkmale einer vollendeten Manipulationssituation auf: Er kann wie ein Kleinkind hin- und hergeschoben werden. Die andere Parallele zur Hypnose liegt teilweise in der Wirkungsweise. Obgleich die Massenhysterie ein umfassender Manipulationszustand ist, bleibt ihr Wirkungsgrad durch die Seltenheit solcher Massenzustände beschnitten, denn diese lassen sich nicht beliebig wiederholen. Es ist überhaupt ein beträchtliches Herrschaftswissen erforderlich, um solche Ereignisse geplant und systematisch herbeizuführen.

Mittel der Aufputschung

Bevor wir näher auf dieses Thema eingehen, sei eingeräumt, daß unser psychologisches Wissen auf dem Sektor der Massenpsychologie noch nicht befriedigend ist. Das liegt vor allem am Wissenschaftsverständnis der heutigen Psychologie. Sie ist eine Experimentaldisziplin, und als solche benötigt sie Experimentalgruppen und Vergleichsgruppen zur Untersuchung. Doch mit Zehntausenden oder Hunderttausenden, geschweige denn mit Millionen von Menschen läßt sich nicht experimentieren. Das wäre nicht nur ein technisches Problem, sondern auch ein moralisches. Man müßte die Experimentalmassen in ziemlich verwegene Lagen bringen und käme sich bald wie der Zauberlehrling vor, dessen verzauberter Besen nicht mehr in die Ecke will. Wo bisher mit Massen mehr oder weniger zufällig experimentiert wurde (beispielsweise in der amerikanischen Radiosendung »Invasion vom Mars« oder der deutschen Fernsehsendung »Das Millionenspiel«), war das Ergebnis mehr als bedenklich, obwohl dennoch nicht vergleichbar mit echten Massenhysterien.
Was gehört an methodischen Schritten zu einer Aufputschung von Massen? Soviel wir nach heutigem Erkenntnisstand sagen können, sind fünf Voraussetzungen dazu erforderlich:

1. Gesteigerte Erwartung
2. Allmähliche Erregungssteigerung

3. Getragenwerden durch die Masse
4. Der Verlust kritischer Distanz
5. Rauschhafte Entrückung.

Für jede dieser Voraussetzungen gibt es Verfahren und Tricks, um das jeweils erwartete Ergebnis sicherzustellen. Die erste Voraussetzung ist die erwartungsvolle Masse. Dazu ist nötig, daß eine Riesenzahl überhaupt interessiert werden kann, denn für ein solches Hinwegschwemmen kritischer Distanz ist die *anwesende* Masse nötig. Der Begriff der Masse, wie er in der Formulierung der Massenmedien (Fernsehen, Rundfunk) beispielsweise verwendet wird, setzt die Anwesenheit der Masse nicht voraus: die Massen der Massenmedien sind Zahlenmassen, die sich aus vielen isolierten Einzelmenschen oder Gruppen zusammensetzen und die lediglich gleichzeitig dasselbe Angebot konsumieren. Für echte Massenexzesse dagegen ist auch die räumliche Nähe, die Komprimierung der Menschen zu einer dichtgedrängten Menge nötig. Man muß aber diese Voraussetzungen nicht getrennt aufführen, weil diese Anwesenheit schon voraussetzt, daß die Menge in Erwartung eines außergewöhnlichen Ereignisses zusammenkommt. Das muß nicht nur ein bewundertes, es kann auch ein erschreckendes Ereignis sein, wie der immer wieder aufflackernde Katastrophentourismus lehrt. Folglich ist der entscheidende Punkt für das Herrschaftswissen (in dieser ersten Voraussetzung) die Kenntnis der Anlässe, die Menschen in eine erwartungsvolle Erregung versetzen können. Auf einen Nenner gebracht, müßte die Antwort lauten: Nicht nur konkrete Ereignisse sind darunter zu verstehen, sondern Ereignisse, die all die Manipulationsziele einschließen, die wir im Rahmen der sechs Teile dieses Buches behandeln, besonders also übersteigerte Gefühlserregungen, sensationelle Situationen, fundamentale Bedürfnisse. Inhaltlich müssen diese Erwartungen in der Lage sein, Sehnsüchte, Befürchtungen, Begeisterungen, Hoffnungen, Ahnungen oder Spannungen einer Masse zu befriedigen.

Der heutige Manipulateur braucht sich dafür nicht mehr auf seine eigenen Eingebungen und Vermutungen zu stützen. Allein im Bundesgebiet gibt es mehr als zwei Dutzend Einrichtungen, die ihm diese Arbeit im Auftrag und gegen Entgelt abnehmen. Im allgemeinen erfüllen diese Motivforschungsinstitutionen Aufträge wie: Welche Raumgestaltung (zum Beispiel einer Bank) wirkt »vertrauenerweckender« – oder welcher Kühlergrill eines Autos wirkt »schneller«? Hier hingegen

wird mit Tests oder Experimenten untersucht, wie derzeitig die allgemeine Motivationslage in der Bevölkerung oder bei speziellen Zielgruppen beschaffen ist, um für den ersten Schritt der Manipulationsstrategie die momentan verbreitetsten Erwartungen zu erfassen.
Die zweite Voraussetzung bezieht sich bereits auf die anwesende Menge. Hier müssen wir folgende Überlegungen richtig einschätzen. Der Mensch in der Menge reagiert nach anderen Gesetzmäßigkeiten als der Mensch in kleineren Gruppen. Wenn Sie einen bejahrten Mann mit einem Papierhütchen auf dem Kopf inmitten der Masse seines Betriebsausfluges auf dem Bahnsteig auf einem Bein hüpfen sehen, so ist das durchaus in Ordnung. Würden Sie aber denselben Mann im gleichen Aufzug Tage später dasselbe allein vorführen lassen, würde er sich zu Tode schämen und sich dazu nicht überwinden können.
Menschen reagieren situationsbezogen. Deshalb braucht die Masse auch andere Erlebnisentwicklungen als der Einzelmensch. Die Masse reagiert vor allem im Ablauf der Stimmungen zeitlich verzögert. Deshalb haben geschickte Massenmanipulateure die neugierige Menge immer warten lassen. Allerdings nicht unbeschäftigt. Ähnlich wie vor den Opernkonzerten die Besucher erst ihre Rolle je nach Bedürfnis in der Art ihres Auftritts bis zum Einnehmen der Plätze spielen (gesehen werden wollen, Aufsehen erregen oder nur beobachten, begrüßen usw.) und das Orchester in allmählich zunehmender Lautstärke die Instrumente stimmt, ebenso muß die Masse allmählich von Stufe zu Stufe in ihrer Erwartungserregung aufgeheizt werden, bis der Star – natürlich lieber zu spät als zu früh – unter frenetischem Jubel erscheint. Das zweite Geschick der Manipulateure macht hier die richtige Zeitabfolge aus.
Die dritte Voraussetzung ist durch das Getragenwerden der Masse bestimmt. Dem Manipulateur stellt sich eine Menge Menschen wie ein wogendes Getreidefeld dar, die »einzelnen Halme« dürfen nicht zu weit oder zu eng stehen, sonst ergibt das nicht das Gefühl des Einswerdens mit der Masse. Der Rhythmus der Menge bestimmt nun das Geschehen. Und durch kleine Einwirkungen läßt sie sich jetzt dirigieren. Man kann sich das am Bild eines großen Vogelschwarms klarmachen. Unmerkliche Veränderungen, von außen nicht wahrnehmbar, verändern den Flug von Tausenden von Staren in blitzschnellen Bewegungen.
Und darin liegt viertens die vielleicht wichtigste Überlegung der Massenmanipulateure. Die Masse muß eine solche Einheit bilden, daß sich keine Sondergruppen bilden können. Wenn

Massensuggestion. Tausende sind wie von einem einzigen Willen durchdrungen, fortgerissen, zu allem fähig. Wer diesen einen Willen diktieren kann, hat ebenfalls eines der stärksten Mittel der Beeinflussung in der Hand.
Die Hypnose geschieht durch Einschläfern, die Massensuggestion durch Übererregung, durch Aufheizen.
Und hier gilt: Jeder Mensch ist durch Massensuggestion gefährdet, besonders dann, wenn er meint, ihm könne so etwas nicht passieren. Denn ist man einmal in der Masse, gibt es nur noch das eine Mittel dagegen: seine Freiheit von Sekunde zu Sekunde zu behaupten und sich so ununterbrochen gegen die Gewalt der Masse zu stemmen.
Goebbelsrede im Sportpalast, Berlin am 18. Febr. 1943. Eine Massensuggestion von unerhörter geschichtlicher Tragweite: »Wollt ihr den totalen Krieg?« – »Ja!!!« Begeisterung für die Katastrophe, für den Tod und Verderben, für den eigenen Untergang. Hier wird deutlich: Massensugge-

irgendein zufällig Beteiligter irgendeine Seitentribüne besteigen könnte, wäre die Gefahr einer Abspaltung gegeben. Alle Massenbewegungen unterlagen bisher dieser Gefahr: die Abtrünnigen, Ketzer, Dissidenten, Verräter, Sektierer haben die wildesten Abwehrreaktionen heraufbeschworen. Kein Massenmanipulateur kann sie dulden, denn hier zeigt sich der entscheidende Punkt aller Massenbewegung: Ihr Ziel – gleichgültig bei welchen Inhalten – ist immer die Uniformität. Das Ideal der Gleichheit ist für sie die Gleichheit der Gedanken aller. Neben der Hypnose gibt es keine stärkere Form der manipulatorischen Beeinflussung, die die kritische Distanz, das wählerische Unterscheidungsvermögen, die Wahl unterschiedlicher, manchmal sogar gegenteiliger Positionen mehr herabmindert als die Massenhysterie. In ihr soll nichts anderes zum Tragen kommen als das, was ein oberster Manipulateur bestimmt hat.
Die wohl berühmteste und berüchtigtste Rede nach diesem

stion hat ihre Methodik im Arrangement, in der Atmosphäre, im Aufbau der Rede: von der Erwartung über die allmähliche Steigerung bis zum Verlust kritischer Distanz – uralte Gesetze der Rhetorik. Wer diese Gesetze kennt, hat mehr Widerstandskraft.
Hypnose, Massenhysterie, wem begegnet das schon? – Es geschieht häufiger, als man glaubt! –
Aber vor allem: Diese Dinge haben ein riesiges Umfeld, Hypnose auf Schleichwegen, Suggestion in kleinen Portionen.
Wer aus dem Lärm des Alltags in ein Warenhaus kommt, wird (oft) von einer besonders angenehmen Atmosphäre umfangen, mit einschmeichelnder Musik. Ein Paradies, ein Schlaraffenland: Man kann sich alles nehmen.
In psychologischen Tests wurde festgestellt, daß bestimmte Musiken beruhigen, in eine halbhypnotische Stimmung versetzen, die kritische Distanz herabmindern und so zu regelrechter Kauflust verführen.

Schema war die Goebbelssche Sportpalastrede »Wollt Ihr den totalen Krieg?«. Als er sie anschließend von der Wachsmatrize abhörte, soll er sinniert haben: »Die Stunde der Idiotie! Wenn ich den Leuten gesagt hätte: Springt aus dem dritten Stock des Columbushauses – sie hätten es getan.« Und trotzdem begnügte sich Goebbels nicht mit dieser geistigen Aufputschung. Nach dem akustischen Höhepunkt ließ er in der letzten Passage seine Stimme weihevoll beschwörend ausklingen (»Nun, Volk, steh' auf – und Sturm, brich los« – nach einem Zitat von Theodor Körner), die zu jener entrückten, rauschhaften Überwältigung des Publikums führte, die erst die höchste, die fünfte Stufe eines Massenwahns ausmacht.

Prüfung der Beeinflußbarkeit

Ob Manipulationen gelingen, hängt von verschiedenen Voraussetzungen ab: Von den Gegebenheiten, die beim Manipulateur liegen, von sachlichen Voraussetzungen, situativen Bedingungen, von den Gegebenheiten, die beim Manipulierten liegen. Wie die tabellarische Übersicht Seite 28 zeigt, sind darunter wiederum verschiedene weitere Bedingungen zu verstehen, also ein relativ kompliziertes Bedingungsfeld. Man sollte demnach jemand, der sich als sehr suggestibel erwiesen hat, weder als »schlechter« noch als »alleinschuldig« an dieser Manipulation betrachten. Manchmal ist Suggestibilität sogar ein positives Zeichen. Im allgemeinen läßt sich sagen, daß Suggestibilität kein einhelliges Merkmal ist, das man hat oder nicht hat. Jeder ist suggestibel im speziellen Sinn, da er für bestimmte Dinge eben suggestibler, für andere weniger suggestibel ist. Trotzdem dürfte man bei jedem von einer bestimmten vorherrschenden oder durchschnittlichen Schräglage sprechen können, nach der er Suggestionen zuneigt.
Dieser individuelle Neigungswinkel läßt sich am besten erklären, wenn wir die eben vorausgeschickten Bedingungen berücksichtigen. Dafür gibt es einige interessante Suggestibilitätstests, von denen der Leser drei Tests an sich selbst ausprobieren kann.
Der erst davon ist der Balance-Test. Man steht mit geschlossenen Augen frei, spreizt die Fersen nach außen und beläßt die Fußspitzen in Berührung, danach streckt man die Hände nach vorn. Der Suggestor spricht zur Versuchsperson: »Sie stehen ganz ruhig, und trotzdem haben Sie das Gefühl, als würden Sie kreisen – in langsam ziehenden Bewegungen kreist Ihr Oberkörper um den Mittelpunkt zwischen Ihren Fersen ...« Vergleicht man mehrere Versuchspersonen, so ergibt dies eine Rangreihe ihrer Suggestibilität.

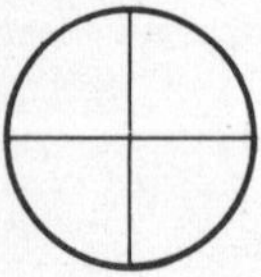

Ähnlich ist der zweite Versuch. Auf einem großen Blatt Papier ist ein Kreis mit einem Kreuz (siehe Abbildung) eingezeichnet. Über dem Mittelpunkt läßt die Versuchsperson einen Ring an einem Faden hängen. Die Anweisung lautet: »Lassen Sie den

Ring ganz frei über dem Kreuz hängen, bewegen Sie ihn nicht. Jetzt denken Sie ganz scharf an die Seitenbewegung – ohne den Arm zu bewegen...« Anschließend erfolgt das gleiche bei der Längsbewegung nach dem eingezeichneten Strich und schließlich der Nachvollzug des Kreises. Und obwohl der Arm ruhig gehalten wird, bewegt sich der Ring je nach autosuggestiver Veranlagung entsprechend der intensiven Vorstellung der Bewegung. Man nennt diese Tatsache Denkmitbewegung.
Der dritte Versuch kann von mehreren Personen gleichzeitig ausgeführt werden. Der Versuchsleiter fordert die auf Stühlen sitzenden Versuchspersonen auf, die Hände zu falten, und macht es selbst vor. Nun erklärt er ihnen: »Schließen Sie bitte die Augen und stellen Sie sich einen Schraubstock vor, einen großen metallenen Schraubstock mit breiten Backen, die man durch ein Gewinde zudrehen kann. Nun stellen Sie sich vor, Ihre Hände sind jetzt zwischen den Backen. Ich werde nun von eins bis fünf zählen. Während ich zähle, falten Sie Ihre Hände immer fester, immer fester, immer fester. Wenn ich bei fünf bin, sind Ihre Hände so fest gefaltet, daß Sie Mühe haben werden oder es Ihnen unmöglich ist, sie zu lösen. Eins, fest drücken; zwei, fest drücken, fest, fest, fest; drei, noch fester drücken, Ihre Hände sind fest aneinander geheftet; vier, Ihre Hände sind zusammengeschmiedet, fest zusammengeschmiedet; fünf, sie sind so fest zusammengeschmiedet, daß sie es auch bleiben, selbst wenn Sie sie zu lösen versuchen, Ihre Hände bleiben beisammen, bis ich Ihnen die Weisung erteile, sie zu öffnen. Jetzt, öffnen Sie die Hände langsam.«
Solche stehenden Formulierungen lernt der Suggestor wie ein Schauspieler seinen Text auswendig, damit er während der Suggestion nicht nach Formulierungen suchen muß und sich ganz auf seine überzeugende, weil sichere Suggestivwirkung konzentrieren kann. Solche relativ harmlosen Tests zeigen einerseits die Suggestibilität der Menschen, andererseits vermitteln sie dem Versuchsleiter ein Gefühl für die Wirkungen von Suggestionen.

Schlafende Hunde wecken

Wer irgendwo eindringen will, sollte den schlafenden Wachhund nicht wecken, es könnte unangenehm werden. Soll man Manipulationstechniken so allgemein veröffentlichen, wie wir es hier tun? Kann das nicht dazu führen, daß die Manipulateure

noch hinzulernen? – Diese Gefahr ist sicher nicht auszuschließen, halbschläfrige Manipulateure zu wecken. Denn beispielsweise die Propagandisten der Wahlen, die Werber der Industrie, die Verfechter von Ideologien versuchen heute noch ziemlich redlich mit Überzeugung zu arbeiten. Der Stand der Manipulationsmöglichkeiten ist keineswegs soweit gediehen, daß man mit der Bevölkerung machen kann, was man will. Aber andererseits darf niemand bezweifeln, daß durch die Entwicklung der technischen Medien die Manipulationsbereitschaft bei allen Mächtigen deutlich gewachsen ist. Wo neue Möglichkeiten erwachsen, ist es nur eine Frage der Zeit, bis sie jemand ausnutzt. In dieser unentschiedenen Lage ist es gut, auch die Betroffenen mit dem gleichen Wissen zu versorgen; so werden auch die Abwehrmöglichkeiten mitvermittelt, wofür natürlich von seiten der Manipulateure kein Bedürfnis besteht.
Unsere Beiträge zur Immunisierung gegen Manipulation können nur ein Anfang sein. Ohne die Mitwirkung möglichst vieler Interessierter ist man den Manipulateuren heillos unterlegen, denn diese haben die Mittel und Medien für ihr Tun, zur Abwehr von Manipulation dagegen fehlen Institutionen und vergleichbare Mittel. Unter diesen Umständen ist es am erfolgversprechendsten, die Aufmerksamkeit und Empfindlichkeit, die sogenannte Sensibilität gegen Manipulation zu steigern. Wer mehr über Manipulation weiß, ist auch bereiter, gegen Manipulationen etwas zu unternehmen. Damit kommen wir am Schluß des ersten Teils zur Vorbereitung unseres eigentlichen Ziels.

Schutz gegen Manipulation

Die Überlegungen über Manipulation im ersten Teil lauten zusammengefaßt: Manipulation ist Führung im Sinn der Verführung. Neben ungezählten Manipulationstaktiken, von denen wir einige der wichtigsten in den nachfolgenden Teilen behandeln wollen, ist Manipulation in ihrem Grundgehalt am deutlichsten charakterisierbar durch zwei besonders extreme Verfahren: Das erste ist die narkotisierende Wirkung der Hypnose und das zweite Beispiel die zur Konfusion führende Wirkung der Massenhysterie. In der Hypnose wird die Aufmerksamkeit und selbständige Denkbereitschaft eingeschläfert. Ähnliche, wenn auch weniger auffällige Beispiele für

Betäubungsmanipulationen gibt es verschiedentlich im öffentlichen Leben. Eines davon ist die einlullende Wirkung der leisen Musik in den Supermärkten und Selbstbedienungsläden, die das kritische Käuferbewußtsein reduzieren soll. Häufig wacht der Kunde erst dann an der Kasse auf, wenn er statt der geplanten zwanzig Mark einen weitaus höheren Betrag zu bezahlen hat.

Am Beispiel der Massenhysterie sollte die Manipulation in ihrem zweiten Grundgedanken der psychischen Verwirrung durch aufpeitschende Manipulation verdeutlicht werden. Ähnliche aufpeitschende Manipulationen finden wir in manchen massensuggestiven Veranstaltungen, wie beispielsweise Konzerten oder Sportveranstaltungen. Vor einigen Jahren wurde die Verwirrungsstrategie durch Einpeitscher auf einem schwedischen Fußballplatz erfunden. Durch zunehmende rhythmische Stimulierungen und gezieltes Geschrei wurde die hochfavorisierte Nationalmannschaft der Gäste demoralisiert, in ihrem Spielwitz verwirrt; ohne Selbstvertrauen spielte diese dann jämmerlich und verlor das Spiel.

Betäubung und Verwirrung gleichen sich trotz ihrer verschiedenartigen Strategien. Beide reduzieren kritische Selbständigkeit, um Menschen manipulierbarer zu machen. Insofern sind sie gleichbedeutend mit Anti-Emanzipation.

Diesen letzten Satz kann man in seiner Stoßrichtung umkehren und erhält dann eine generelle Antwort auf die Frage nach dem allgemeinen Schutz gegen Manipulation: Durch emanzipatorische Bestrebungen lassen sich Manipulationswirkungen reduzieren. Es ist also keineswegs so, daß wir Manipulationen hilflos ausgeliefert sind. Es gibt eine ganze Reihe von Gegenmaßnahmen, von denen wir hier die erste, besonders wichtige, behandeln wollen.

Ein wesentliches Merkmal jeglicher Manipulation ist ihre Tarnung: Sie tritt nicht offen auf, sie gibt sich harmlos und unkenntlich in ihrer Beeinflussungsweise. Nun ist aber heimliche Verführung keine heimliche Verführung mehr, wenn man sie veröffentlicht. Eine enttarnte Manipulation ist das, was sie eigentlich ist, eine üble Übervorteilung, die auf die Unkenntnis des Menschen setzt. Es findet aber ein geistiger Betrüger ebenso wie der materielle Betrüger nur so lange jemanden, den er betrügen kann, wie dieser nicht merkt, daß er betrogen werden soll.

Daraus leiten wir die erste Gruppe unserer Gegenmaßnahmen her. Durch die Veröffentlichung von Manipulationsmechanismen erhoffen wir uns einen Teil des Schutzes gegen Manipulation. Denn je mehr Menschen wissen, wie etwas gemacht wird, desto weniger sind sie selber zu manipulieren. Und je besser Manipulationsmethoden bekanntgemacht werden, desto schwerer muß es den potentiellen Manipulateuren fallen, geistige Betrügereien anzubringen.

Nun vermag eine Sendereihe und ein dazu gehörendes Begleitbuch zwar einzelne Praktiken aufzudecken, aber es müßte eigentlich dazu eine allgemeine Tendenzwende, eine Einstellungsänderung gegenüber den Betroffenen herbeigeführt werden. Es bedürfte einer allgemeinen Aufklärung, einer »zweiten« Aufklärung, nachdem die erste vor zweihundert Jahren trotz mancher Schwächen doch zumindest die allgemeine Volksbildung gebracht hat. Gewisse Ansätze sind allenthalben dafür vorhanden. Nur noch wenige meinen, Brot und Spiele seien für alle da, Wissen aber nur für eine Elite. Auch der Wissensbesitz ist Allgemeingut. Allerdings steckt gerade darin eine abzulehnende Manipulierungsmöglichkeit. Man kann Wissen für alle aufbereiten, indem man es vereinfacht, seiner Kompliziertheit entkleidet, so tut, als seien die Tatsachen simpel und einseitig. Das kommt aber dann eher der Verdummung als der Aufklärung gleich. Wissen sollte nicht dadurch allgemeinzugänglich gemacht werden, indem man die dem Wissen zugrunde liegenden Tatsachen vereinfacht, sondern indem man den Zugang zum Wissen erleichtert. In unserem Fall heißt das, wir versuchen, das Prinzip der Manipulation herauszuarbeiten und diese Grundsätze mit Beispielen zu belegen. Am Vorbild dieser Beispiele vermag jedermann, ähnliche Beispiele selbst zu finden. Aus der Mehrzahl dieser seiner eigenen Beispiele erwächst ihm allmählich eine neue Beobachtungserfahrung, die ihrerseits bereits einer neuen, vielleicht psychologisch zu nennenden Haltung gleichkommt.

Damit versteht man unter Entdeckungen von Manipulationsbestrebungen nicht nur Entlarvungen und Erschwerungen von geistigen Betrügereien, sondern auch die Abwehr der Meinung, man könne der breiten Masse doch nichts Geistiges zumuten. Es ist nur vorher nötig, die Bedingungen besser kennenzulernen, unter denen man – ohne zu manipulieren – den Zugang zu Einsichten und Kenntnissen verbessert.

2 Die geistige Beeinflussung

Sind die Gedanken frei?

Um das Jahr 1800 entstand das Volkslied »Die Gedanken sind frei...«, mit dem erst kürzlich ein Chansonsänger einen namhaften Preis gewinnen konnte. Soweit herauszufinden war, war dieses Lied zunächst ein Studentenlied, das dann allmählich in den Allgemeinbesitz überging. Veröffentlicht wurde es zuerst in den berühmten »Fliegenden Blättern«, einer Zeitschrift aus dem Ende des 18. Jahrhunderts mit deutlich aufklärerischen Tendenzen. Später tauchte es immer wieder periodisch als eine Art heimliches Kampflied der Unterdrückten auf. Unter dem faschistischen Regime und später in der sowjetisch besetzten Zone erfreute es sich großer Beliebtheit. In diesem Lied heißt es: »Die Gedanken sind frei, wer kann sie erraten? Sie fliegen vorbei wie nächtliche Schatten. Kein Mensch kann sie wissen, kein Kerker einschließen. Es bleibet dabei: Die Gedanken sind frei. – Und sperrt man mich ein im finsteren Kerker, das sind alles rein vergebliche Werke; denn meine Gedanken zerreißen die Schranken und Mauern entzwei: Die Gedanken sind frei.«

Sind nun die Gedanken wirklich frei? Schillers mächtiges Wort, »Sire, geben Sie Gedankenfreiheit«, bedeutete nicht nur einen Aufruf, sich denken zu dürfen, was man will, sondern damit war Gedankenfreiheit immer im Sinne auch von Handlungsfreiheit gemeint. – In diesem Sinn ist jenes alte Studentenlied auch kein sehr kämpferisches Lied, denn darin heißt es ebenso: »Ich denke, was ich will und was mich beglücket, doch alles in der Still' und wie es sich schicket.« Aber auch diese Erlaubnis, sich in der Stille denken zu dürfen, was man will, ist rückwirkend bedroht, wo innerhalb sozialrechtlicher Grenzen keine Freiheit zur Tat besteht. Die Gedanken sind auf Dauer nicht freier als die Köpfe, in denen sie entstehen.

Sehen wir jedoch einmal von solcher Selbstverständlichkeit ab. Wodurch ist unser Denken noch bedroht? – Auf diese Frage gibt es eine Fülle von Antworten.

Zunächst behindert das anschauliche Denken das Denken selbst, weil es nach Denkgesetzen abläuft, über die es nicht hinauskann. Wir können uns eben nur das denken, was vorstellungsfähig ist. Was über die Vorstellungskraft hinausreicht, können wir zum Teil berechnen, und die errechneten Beweise können für uns glaubhaft sein, aber ein direkter Denkweg dorthin besteht nicht, sondern nur ein indirekter über das unvorstellbare Beweissystem. Folglich ist uns eine ganze Menge an wissenschaftlichen Fakten unbegreiflich. Wir haben uns nur, wie Max Planck sagt, an sie gewöhnt, als seien sie auch vorstellungsfähig. Auffällig wird diese geistige Beschränktheit des menschlichen Denkens erst dann, wenn bahnbrechende neue Schlußfolgerungen auftauchen. Dann versuchen ganze Generationen, sich an sie zu gewöhnen, ohne zu bemerken, daß sie eigentlich anschaulich »undenkbar« sind.

Eine zweite Tatsache schränkt unsere Gedankenfreiheit ein. Denken ist dem Hochleistungssport ähnlich – wer es nicht dauernd übt, dem kommt es abhanden. Nun kann aber niemand zum Beispiel auf die Dauer nur im eigenen Hinterhof Weitsprung üben, wenn er im Sinne des Hochleistungssports anerkannt sein will. Er braucht den Wettkampf, die öffentliche Bewährung, die sogenannte Motivierung, was zumeist die Belobigung durch die Umgebung bedeuten soll. Auch das Denken braucht seine »Motivierung«, die berechtigten und notwendigen Gründe für das Denken. Und hier stoßen wir an eine weitere Einengung unserer Gedankenfreiheit.

Es gibt nur wenige Menschen und Berufe, für die das Denken voll gefordert wird. Bei vielen genügen stehende Redewendungen als Ersatz für das geistige Suchen, das breite Abwägen, das netzartige Verknüpfen, das kritische Prüfen, das nüchterne Verteidigen, aus dem Denken auch besteht. Solche langwierigen Prozesse geistiger Auseinandersetzung mit sich und in sich selbst und mit einem geistigen Gegenstand sind wesentlich weniger gefragt als die berufliche Geschäftigkeit stehender Antworten. Was nutzt die Gedankenfreiheit, wenn sie nicht praktiziert wird?

Eine dritte Gruppe wird oft hervorgehoben: die ausgesprochenen freien Gedanken, die selten mit Lohn verbunden sind. In einem bekannten Witz wendet sich der Direktor während einer Sitzung an einen Mitarbeiter mit den Worten: »Ich möchte Ihnen, Herr Meyer, meine volle Anerkennung und meinen Dank für Ihre freimütigen und kritischen Worte aussprechen und hoffe zugleich, daß Sie bei Ihrem nächsten Arbeitgeber ähnliche Erfolge haben werden.« Die freien Gedanken zahlen sich in strengen Vorgesetztenverhältnissen schlecht aus. Schon früh fragen daher die Eltern ihre Kinder, was wohl mal später ihr Meister sagen wird, wenn sie bei jeder Anordnung nach dem

Grund fragen. Man erlernt also rechtzeitig die Anpassung ohne Gedankenfreiheit. Und es wäre unrealistisch, wenn man sie nicht auch als nützlich bezeichnen würde, denn in gewisser Weise ist Gedankenfreiheit auch ein Luxus, den sich manche mangels Mittel, Sorgenfreiheit oder Zeit nicht leisten können.

Viertens bringt die Gedankenfreiheit auch ein technisches Problem mit sich. Je genauer gedacht werden soll, desto mehr Information benötigt man. Nun sind aber die Informationen lawinenartig gewachsen. Beispielsweise erreichen die Nachrichtenredaktion des ZDF täglich ca. 1200 Nachrichten, von denen ca. 200 der Redaktionskonferenz vorliegen. Aus ihnen werden ungefähr 25 Nachrichten für die »Heute-Sendung« ausgewählt, und beim Zuschauer bleiben davon ungefähr zwei bis drei über mehrere Stunden haften, ein Informationsgefälle also. Die Merkfähigkeit des Menschen ist nicht im gleichen Maß gewachsen wie die Informationslawine. Was die Informationen als notwendige Nahrung für die Gedankenfreiheit betrifft, so geraten wir notwendigerweise zunehmend ins Hintertreffen – mehr noch: Wir haben das Rennen schon längst verloren. Ohne technische Unterstützung läßt sich die enorme Informationsfülle auf allen wichtigen Gebieten nicht mehr bewältigen. Insofern ist die Gedankenfreiheit auf die Informationsverarbeitung angewiesen und von deren Auslese und Ausrichtung abhängig geworden.

Eine fünfte und größte Gruppe von Einengung der Gedankenfreiheit setzen wir uns selbst. Man hat immer geglaubt, wir seien im Denken allein inhaltlich von unseren Eltern, Lehrern, der Gruppe, dem Stand, den Berufsinteresssen geprägt. Das stimmt zwar, aber seit einiger Zeit wissen wir, daß unser Denken auch formal geprägt ist. Beispielsweise läßt sich bei großen Denkern, wie Leisegang nachgewiesen hat, nachvollziehen, ob sie geradlinig oder in Kreisen um einen Mittelpunkt oder in Kreisen um einen großen Kreis oder, strahlenförmig ausgehend, von einem Mittelpunkt oder in vielen anderen Denkformen ein Sachgebiet abgeschritten haben. Von Kant ist überliefert, daß er eine formale Vorliebe für den Dreischritt im Denken hatte, bei Hegel ist die Denkform zur dialektischen Methodik entwickelt worden. Jeder von uns denkt formal eingeengt und steht anderen Denkreihenfolgen relativ hilflos gegenüber. Neben diesen inhaltlichen und formalen Prägungen gibt es noch strukturelle Denkprägungen. Es sind dies allgemeine Denkrichtungen. Beispielsweise besteht ein Hang bei mehreren Urteilsstufen zur Mitte hin; ähnlich gibt es eine Denkbevorzu-

Die Kanzel der Nation: das Fernsehen. Es weiß einfach alles!
So grotesk es klingt, aber in gewisser Weise stimmt das sogar. In den großen Zentren der Massenmedien laufen alle Meldungen der großen Agenturen aus aller Welt ein, täglich weit über tausend.
Nur etwa 25 können in den Nachrichtensendungen mitgeteilt werden, nur zwei bis drei kann der Zuschauer über mehrere Stunden im allgemeinen behalten, ein immenses Informationsgefälle!
Und wer schlechter informiert ist, ist leichter manipulierbar. Man kann ihm ja »alles erzählen«, eine Voraussetzung für geistige Manipulation.
Mehr noch: Die Informationsfülle ist so groß, daß sie auch in den Massenmedien selbst von einem einzelnen gar nicht mehr aufgenommen werden kann. Aber die Institution kann sie bewältigen über Speicheranlagen, EDV, Bild- und Filmarchive.
Das Individuum gegen die Institution!

gung für die gleichen Urteile, wie sie von Autoritäten vermutet oder erwartet werden; ein anderer Fall ist die Tendenz zur Aufhebung von Unstimmigkeiten zur eigenen Meinung hin. Einem großen Philosophen beispielsweise wird nachgesagt, man habe ihn aufmerksam gemacht, seine Urteile stimmten nicht mit den Tatsachen überein, worauf er geantwortet haben soll: »Um so schlimmer für die Tatsachen.« Es ist also eine sehr umfangreiche Prägung, der unser Denken im Lauf seiner individuellen Entwicklung unterliegt. Statt Gedankenfreiheit wird unser Denken somit durch uns selbst an eine Kette gelegt.

Mit der sechsten Gruppe schließlich kommen wir zu unserem eigentlichen Thema. Das Denken läßt sich auch von außen manipulieren. Denken ist ein Prozeß von Vorstellungsinhalten, Verknüpfungen, Aneinanderreihungen, Umänderungen, in dem sehr vieles unbemerkt abläuft. Im allgemeinen glaubt man, das Denken sei rational und folglich nüchtern, bewußt und offensichtlich. Aber Denken ist auch, nach einem Wort von Goethe, ein Warten auf den guten *Einfall.* Und wenn wir fragen, woher dieser Einfall kommt, dann ist zumindest sicher, daß er nicht aus dem rationalen Bewußtsein kommen kann, sonst brauchte man nicht auf ihn zu warten, denn er wäre ja erschlossen.

„Ich glaube, wir reden da aneinander vorbei!"

Denkprozesse laufen im allgemeinen so schnell ab, daß man diese untergründigen Zusammenhänge bei sich und anderen nicht erkennt. Man muß sich diese Sammelläufe der Vorstellungsströme bildhaft vorstellen, um Denkmanipulationen zu verstehen. Der Manipulateur baut in diesen Strom gleichsam Stromschnellen, Ab- und Umleitungen, Kanalisierungen ein, die er in das Denken der Manipulierten schleust. Mancher Denkbeeinflusser weiß natürlich nicht, was er eigentlich macht. Aber um zu verstehen, wie geistige Manipulationen ablaufen, müssen wir uns die wichtigsten geistigen Manipulationsschritte und ihre Zwecke vergegenwärtigen, ehe wir zu den Einzelbeispielen kommen.

Denken ist auch ein Konzentrieren auf einen Gegenstand oder ein Thema. Diese Aufmerksamkeit des Betroffenen braucht auch der Manipulateur, und er braucht sie in einer ganz bestimmten Weise – zwar nicht als aufmerksame, prüfende

Suchhaltung, aber als gebannte Empfänglichkeit, der sich der Betroffene nicht entziehen kann. Üblicherweise erreicht er dies durch Verwirrung.

Jegliche Beeinflussung braucht nicht nur irgendeine Art von Aufmerksamkeit des Betroffenen (denn wenn er nicht hinhört, nutzt die beste Beeinflussung nichts), sie braucht auch einen entsprechenden Zugang zum Betroffenen. Man muß sich dieser Beeinflussung gegenüber öffnen, muß Zutrauen zu ihrem Nutzen und Hoffnung auf ideelle oder materielle Bereicherung hegen. Der Manipulateur braucht diesen Zugang wieder in besonderer Weise. Er will nicht eine Vertrauensbasis zwischen Erzieher und Erzogenem oder einem sonstigen Beeinflusser und dem Beeinflußten als notwendigen Zugang schaffen. Er baut vielmehr auf Erniedrigung, Minderwertigkeitsgefühl, Verlegenheit oder irgendeine sonstige Verunsicherung des Betroffenen, um sich um so leichter den Zugang zu erschleichen.

Nun erst erfolgt die geistige Manipulation als inhaltliche Dirigierung des Betroffenen. Wie unterscheidet sich hier Manipulation von positiver Beeinflussung? Man kann das Ziel der Beeinflussung herausstellen und als begehrenswert charakterisieren, oder man kann alles andere – außer dem Ziel – »heruntermachen« und es somit indirekt erhöhen (wenn alles andere »kleingemacht« ist), oder man stützt sich auf die bei dem Betroffenen erwarteten oder angefachten Niedrigkeiten, so daß nichts übrig zu bleiben scheint, als das Manipulationsziel als Ausweg zu wählen. Insofern kann man Manipulation auch als *negative* Beeinflussung bezeichnen, weil sie auf das Hilfsmit-

tel der Herabwürdigung aller entgegenstehenden Sachverhalte und damit grundsätzlich auf Niederträchtigkeit angewiesen ist.
Und dies ist die allgemeine geistige Manipulationsrichtschnur: Verwirrung der Aufmerksamkeit – Aufnahmebereitschaft durch Verunsicherung – Abwertung aller anderen Ziele. Für diesen Kern manipulatorischer Handlungsweisen gibt es ungezählte Ausführungsmöglichkeiten, Tricks, Abwandlungen und natürlich auch Ergänzungen beziehungsweise Erweiterungen. Sie gilt aber nicht für die in den späteren Folgen erörterten anderen Manipulierungsstrategien, diese stützen sich grundsätzlich auf andere Manipulierungsreihen.

Erregung der Aufmerksamkeit

Die Erregung von Aufmerksamkeit ist keineswegs Manipulation. Erst wenn sie übertrieben wird und verwirren soll, übersteigt sie das berechtigte Maß. Dabei hat derjenige ein Recht auf Aufmerksamkeitserregung, der etwas an ein Publikum heranbringen will. Es ist ein Merkmal unserer Zeit, daß der beste Inhalt in der Fülle des Angebotenen unerkannt bleiben muß, wenn auf ihn nicht in besonderer Weise aufmerksam gemacht wird. Zehntausende von Büchern erscheinen beispielsweise jährlich. Woher kommt es, daß einige dennoch auffallen?
Zunehmend ist es nicht mehr der eigentliche Inhalt, sondern die Erregung von Aufmerksamkeit für das Buch. So bedauerlich diese Entwicklung ist, zu ändern ist sie nicht mehr. Im Gegenteil dürfte sich die Entwicklung genau in dieser Richtung verstärken. Ein Grund mehr, sich mit dieser Frage zu beschäftigen.
Wodurch versucht beispielsweise die eine oder andere Werbung in einer Illustrierten, Aufmerksamkeit zu erregen? Immerhin kostet allein die freigehaltene Seite in einer großen Illustrierten bis zu 80 000 DM. Also muß eine bestimmte Werbung aus der Vielzahl anderer Werbungen hervorstechen. Ähnlich ist es bei Magazinsendungen im Rundfunk, beim Schaufenster in der Hauptstraße, beim Wahlplakat an der Litfaßsäule, beim Flaschenetikett im Verkaufsregal, bei der Rede im Versammlungslokal. Zunächst muß einmal die Beachtung des Publikums erregt werden, ehe die nächste Aufgabe (im nächsten Abschnitt behandelt) anzugehen ist.

Wie erregt man Aufmerksamkeit? – Es gibt gar nicht so viele Möglichkeiten. Die wichtigsten fassen wir in ihren Grundzügen zusammen. Bei der Art von Aufmerksamkeit, die hier angesprochen werden soll, handelt es sich nicht um willentliche Konzentration, wie beim Lesen eines Buches, sondern um Alarmierung, um plötzliches Aufmerken, um Ablenken und Hinlenken auf den beworbenen Gegenstand. Also wendet man sich in erster Linie an unser Alarmierungssystem, an unsere Sinne. Sie werden erregt durch verstärkte Reize, die aus dem Einerlei der Reizlage herausragen. Hauptsächlich handelt es sich dabei um optische Effekte: zum Beispiel Lichtsignale, extreme Farbwahl, Perspektive (siehe Abbildung), aber auch um akustische Signale, wie vergrößerte Lautstärke, An- und Abschwellen, Kurzlaute.

Nun kommt ein zweites wichtiges Erregungsmerkmal hinzu. Wenn alle schreien, fällt der einzelne Schreier nicht mehr auf, sondern der Flüsterer. Es ist das Merkmal der Ungewöhnlichkeit, der Andersartigkeit, das Aufmerksamkeit erregen kann. Prinzip dabei ist immer, Bewegung durch Erregung zu schaffen. Sogar in statischen Medien, wie der Zeitung, kann man Bewegung durch Scheinbewegung (siehe Abbildung) erreichen.

Die Mittel hierfür sind vielfältig. Überraschend wirkt es, wenn wir diese Zeilen umdrehen (wie geschehen).

Das ist allerdings eine primitive Realisation. Dagegen sehr wirksam ist immer noch der verblüffende Rollentausch. Filme beispielsweise wie »Charleys Tante« oder »Manche mögen's heiß« bezogen ihren Erfolg zum großen Teil aus dem Männer-Frauen-Rollentausch.

Auf die Frage, wie man noch alarmierte Aufmerksamkeit erregen kann, läßt sich mit dem berühmten Sozialpsychologen Lewin antworten: durch den »Aufforderungscharakter«. Darunter ist der unwiderstehliche Drang zu verstehen, eine leere Konservendose etwa am Wegrand wie einen Fußball zu treten. Man kann Dinge so arrangieren, daß sie »auffordern«, etwa indem man sie im Warenhaus in Wühlkörben anbietet. Beliebtes Mittel begabter Redner ist die suggestive Aufforderung in Gestalt der Frageformulierung. Ist die Frage nicht viel auffordernder? Man fordert nämlich zum Aufspüren der Antwort auf. Überhaupt hat Aufspüren etwas mit Geheimnis, Verborgenheit, Verschleierung zu tun. Sie bilden den Aufforderungsgrad vieler Geheimbünde. Auch dieses Aufmerksamkeitsprinzip läßt sich also vielfältig belegen.

Nun zur vierten Aufmerksamkeitstechnik. Die sicherste Methode, bei Einzelpersonen die Aufmerksamkeit zu erreichen, besteht in der Nennung ihres Namens. Wenn ich Herrn Meyer mit »Herr Meyer« anspreche, bin ich seiner vollen Orientierungsreaktion sicher. Bei vielen Personen wird sie ersetzt durch die Ansprache »Meine Damen und Herren«.

Erweitert wird dieses Beachtungsprinzip durch die persönliche Ansprache, besonders wenn sie die Selbstgefühle entzückt (wie es unser Karikaturist aufspießt)...

Eine bewährte Form, Aufmerksamkeit zu erreichen, ist die Hilfe durch Konzentrierung. Der psychologische Hintergrund liegt in der Eigenerfahrung des Menschen, daß seine Aufmerksamkeit ohnehin nicht weit reicht. Wenn er zum Beispiel schon so viele Buchstaben sieht, fängt er erst gar nicht an zu lesen. Also muß man ihm durch Hilfsmittel – auch optischer Natur – entgegenkommen, damit man sein geringes Aufmerksamkeitspotential nicht sofort wieder verliert. Dies geschah hiermit ebenfalls, indem wir diesen Abschnitt umrandet, also auf ihn konzentriert haben.

Das Auge dominiert! Selbst beim Fressen schaut das Tier ständig auf, um seine Umgebung »im Auge« zu behalten – Sicherung vor Gefahr. (Man nennt das »Orientierungsreflex«.)

Der Mensch ist nicht anders. Im Restaurant bevorzugt er die Plätze, wo er alles »im Auge« behalten kann und läßt sich durch jeden neuen Gast, der hereinkommt, beim Essen stören.

Was sich bewegt, fesselt das Auge. So ist der Mensch nun mal von Natur aus: Wenn man optische Eindrücke häuft – Reklame, Kino, Fernsehen –, kann man den Menschen so verwirren, daß er keine Information mehr aufnimmt und aufhört zu denken. Eine weitere Manipulationsmöglichkeit!

Andere Möglichkeiten sind optische Pfeile, Tafeln, Vereinfachungen in vielfältiger Form und ganz besonders Bilder. Die Verbildlichung als sogenannte »Visualisation« ist in der Werbebranche bereits zur Tätigkeit in einem Spezialberuf geworden. Diese Leute übersetzen abstrakte Begriffe in Bilder. Sie gehen also den Rückweg aller Schriften, denn am Anfang der Schrift stand wahrscheinlich das Bild, zum Beispiel ein schematisiertes Bild vom Vogel für Vogel. Aber die Zusammenhänge sind meistens nicht so einfach wie das Abbilden eines Vogels. Dadurch geschieht etwas, was äußerst problematisch ist: eine bis zur Unwahrheit verkürzte Darstellung von Fakten. Diese Art Entgegenkommen gegenüber der Unaufmerksamkeit des Publikums ist die Untugend der Massenmedien, die zu einer Schlagwortentartung führt, die bereits einen Namen hat: »Holzschnittechnik«.

Die sechste Aufmerksamkeitstechnik stützt sich auf die Situation. Wenn irgendwelche Ereignisse, Erlebnisse, Abenteuer geschildert werden, ist die Aufmerksamkeit viel leichter zu erregen als bei Begriffen, Theorien und Paragraphen. Einen Kriminalroman liest man eben leichter als das Bürgerliche Gesetzbuch oder ein Lehrbuch der Trigonometrie. Deshalb beginnt man mit sogenannten Aufhängern, die in der Regel eine lebendige Situation schildern.

Nunmehr eine Vorankündigung: Im folgenden elften Abschnitt mit der Überschrift »Zugang zum Vertrauen« werden wir eine wesentliche Vervollständigung zur Aufmerksamkeitserregung bringen, ohne die alle Beachtungserringung in der Luft hängen

bliebe ... – Diese Ankündigung soll eine vorherige aufmerkende Anspannung, eine Erwartung erzeugen, die dann ausgebaut werden kann. Man kann dieses Verfahren die Technik des kleinen Fingers nennen, dem die ganze Hand folgt.
Ergänzung findet dieses Verfahren durch die Erregung passender Gefühle: Schreck, Gruseligkeit, Angst. Aber darauf kommen wir in einem späteren Teil ausführlich zu sprechen, denn dies ist für das Thema Manipulation von zentraler und besonders gefährlicher Bedeutung.
Eine weitere Technik, die wir nennen, hat nicht nur als Aufmerksamkeitstechnik Wert; sie gehört zu den fundamentalsten Beeinflussungsverfahren überhaupt. Es ist die Wiederholungstechnik: Wiederholung übt – Wiederholung überzeugt – Wiederholung steigert – Wiederholung zwingt – Wiederholung läßt aber auch aufmerken. Diese letztere Funktion der Wiederholung ist hier allein gemeint. Wenn der VW (wie in einer berühmten Reklame geschehen) läuft und läuft und läuft ... so ist es schwer, nicht aufzumerken.
Um die genannten neun Techniken auf die Zahl zehn aufzurunden, können wir auf die beispielsweise in der Werbung häufigste Form der Aufmerksamkeitserregung verweisen: auf die möglichst umfangreiche Kombination aller neun Verfahren. Frei nach dem Motto: Wer vieles bringt, wird manchem etwas bringen.

Zugang zum Vertrauen

Die Aufmerksamkeitserregung ist die eine Seite, das Gewinnen von Vertrauen die andere Seite der Vorbereitung geistiger Beeinflussung. Wählen wir ein Beispiel.
Ein Vertreter möchte an der Haustür ein Lexikon verkaufen. Die erste Phase ist die Erregung von Aufmerksamkeit. Nichts einfacher als das: Er klingelt bei Meyer. Nachdem er nun auf sich aufmerksam gemacht hat, öffnet sich die Tür, es erscheint Frau Meyer, und er fragt sie: »Wollen Sie ein Lexikon kaufen?« Darauf Frau Meyer: »Nein« ... Türe zu ... aus. Ein solcher Beeinflussungsversuch wäre also mißlungen. Nach der Erregung von Aufmerksamkeit muß erst eine Basis von beiderseitigem Vertrauen geschaffen werden, ehe überhaupt vom Geschäft – oder von der eigentlichen Manipulationsstrategie – gesprochen werden kann.
Eine Investmentgesellschaft, die vor einigen Jahren in Konkurs

ging, hatte jahrelang sehr erfolgreich Kunden eingefangen. In den Ausbildungskursen wurden die laienhaften Mitarbeiter nicht zu Investmentfachleuten ausgebildet, sondern ausschließlich in der Kunst der Vertrauenserweckung gedrillt. Statt intellektuelle Erkenntnisse zu vermitteln, wurde dabei allein die Art eingeübt, wie man die typischen widerspenstigen Kundenantworten richtig erwidert. Doch darauf soll nicht näher eingegangen werden, denn wir wollen hier nicht Manipulationen trainieren, sondern im Gegenteil diese Methoden transparent machen.

Das eigentlich Manipulatorische hinsichtlich des Vertrauensgewinns ist keineswegs die Vertrauensweckung selbst. Sie liegt jeder anständigen Beeinflussung ebenfalls zugrunde oder sollte es zumindest. Manipulation wird dieses Zwischenstadium erst dadurch, daß man das Vertrauen mißbraucht, indem man den Betroffenen verunsichert und damit psychisch schädigt, um ihn in diesem geschwächten Zustand für das nachfolgende Manipulationsziel aufzuweichen. Vertrauen erwecken wird man auf die Dauer nur, wenn man auch vertrauenswürdig ist. Wer als Mann gilt, »von dem man keinen Gebrauchtwagen kaufen würde«, hat es schwer, überzeugend zu wirken, auch dann, wenn er es ehrlich meint. Andererseits ist die frostige Ehrlichkeit ebenfalls ein Hinderungsgrund für das Erwecken von Vertrauen. Was muß also dazukommen?

Drei Stadien von Vertrauensweckung sind vor allem wichtig: Bejahung, Zuwendung, Öffnung.

Bejahung ist die erste Bedingung. Die Menschen lieben nicht die Niedergedrücktheit, den Jammer und die Freudlosigkeit, genehmer sind ihnen Lebensfreude, Erfolgsgewißheit, Heiterkeit. Das Vertrauen zu anderen hängt mit deren Selbstvertrauen zusammen. Fremdvertrauen ist ein Selbstvertrauen, das den anderen mit einschließt: Ich habe Zutrauen zu mir, Du hast Zutrauen zu Dir, und wir können uns auf unser Zutrauen verlassen. Diese erfreuliche Auflockerung aller Fähigkeiten schafft eine Atmosphäre der vertrauensvollen Bestätigung.

Zuwendung ist die zweite Bedingung. Ein Heiratsschwindler wurde gefragt, wie er als nicht besonders schöner Mann viel Erfolg bei den Frauen haben konnte. Seine Antwort: »Ich war immer höflich und habe immer nur über die betreffende Dame Gutes gesagt.« Sympathie wird einerseits durch eine relative Ähnlichkeit (ähnliche Herkunft, ähnliche persönliche Interessen usw.) und andererseits durch das vermittelte Gefühl des Einverständnisses füreinander erzeugt. Man möchte sich gerne einig fühlen: mit der Gemeinschaft, mit der Natur, mit der

Argumente erfordern Mitdenken. Denken ist mühsam.
Man kann es sich sparen, wenn ein anderer, »besserer« Denker schon alles richtig vorweggedacht hat. Aber woher weiß man das, wenn man ja doch gerade nicht mitdenken will?
Man »spürt« es: Der andere weckt Vertrauen, Zuversicht, Bewunderung.

Tradition, mit dem eigenen Land, mit dem Haus und so fort. Und nun sagt einer mit voller, weicher und möglichst tiefer Werbestimme, wie einig wir uns sind (wohlgemerkt, ohne sich selbst in den Vordergrund zu drängen), so schmilzt die Wachsamkeit und weicht dem Wunsch, sich einig fühlen zu wollen.
Öffnung ist die dritte Bedingung. Wie macht es also unser Lexikonverkäufer besser? Er sammelt erstens einige Bejahungen: »Sind Sie Frau Meyer?« – »Ja« – »Sie haben doch Kinder?« – »Ja« ... und zweitens das Gefühl der Einigkeit: »Dann geht es Ihnen wie allen Eltern mit der Mengenlehre« – seufzendes Einverständnis – ... Und nun: »Ich kann Ihnen dafür einen völlig harmlosen, aber wirkungsvollen Ausweg verraten ...«
Für den Verkäufer kommt es jetzt auf eine Territorialöffnung an. Er muß in die verteidigte Wohnung eindringen. Denn verteidigt wird dabei nicht nur die Wohnung, sondern in erster Linie das psychische Territorium: Man möchte niemand an sich herankommen lassen. Dies geschieht am besten durch die Verknüpfung des Angebots mit den Wünschen nach Vorteilen!
Schon Goethe schreibt dazu: »Die menschliche Natur ist einmal so eingerichtet. Niemand dient einem anderen aus freien Stücken; weiß er aber, daß er damit sich selber dient, so tut er es gerne.«

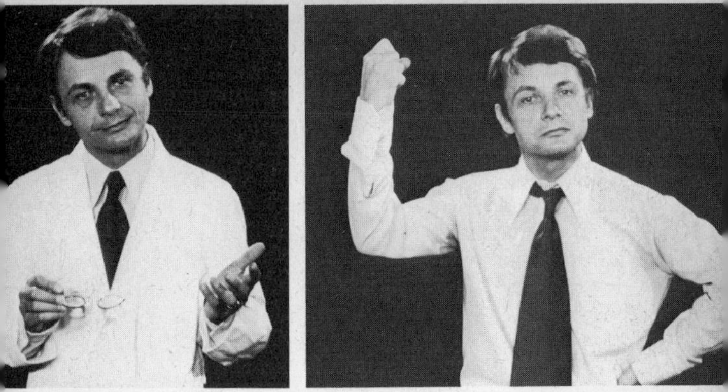

Wie macht er das? Er spielt die Rolle (von links nach rechts) des Siegers, der Vertrauensperson, des Fachmanns, des Kämpfers.
Die Zahl dieser Rollen ist gar nicht so groß. Der Werbefachmann, der Propagandist kennt sie. Er braucht nur gute Schauspieler, die diese Rollen »überzeugend« spielen können, dann kann er ohne Argumente »überzeugen«.

Diese Vorteile müssen nicht immer materieller Natur sein (Preisausschreiben, Wahlversprechen, Freizeitwerte, Gebrauchsnutzen), es können auch persönliche Vorteile (Selbstwertgefühle, Prestige) sein, mit denen der Manipulateur das Entgegenkommen des Manipulierten erreicht. Dabei ist der Manipulateur eifrig bemüht – und das entlarvt ihn ebenfalls –, in jeder Beziehung rasch Klarheit herzustellen: Klarheit über bestimmte Vorteile, Klarheit über die Leistung und Klarheit über die Zahlung, denn Klarheit ist die wichtigste Voraussetzung für alle drei Vertrauensstadien. Jegliches »Mißverständnis« zerstört die Basis des Vertrauens. Damit erübrigt sich alles weitere. Die Beeinflussung kann für den Beeinflusser (ohne Gewaltanwendung) keinen erfolgreichen Verlauf mehr nehmen.
Erheblich schwerer lösbar wird das Vertrauensproblem für den Mann in der großen Öffentlichkeit. Er hat nicht den Vorteil des Einzelmanipulateurs, der stets die Wirkungen am Objekt prüfen und sich unverzüglich danach richten kann. Ein Politiker beispielsweise in der Bundespolitik übersieht die von ihm Bestimmten nicht. Deshalb raten die Wahlkampfmanager regelmäßig vor Wahlen, daß zumindest die Spitzenpolitiker ein bestimmtes Rollenbild einhalten. Das Publikum muß sie an

dieser Rolle wiedererkennen: zum Beispiel an der Kämpferrolle oder der Staatsmannrolle, der Beschützerrolle, der Herrscherrolle, der Managerrolle, der Vornehmheitsrolle, der Fachmannrolle. Die Ideallösung scheint für Wahlkampfstrategen in der Verkörperung einer Führungsgruppe zu liegen, in der eine an sich unvereinbare Rollenkombination herrscht: eine Führung, die für die Wähler hart durchgreift, sie aber in Ruhe läßt und die trotz eindeutiger Rangkompetenz das Bild identifizierbarer Harmonie abgibt. In diese Manipulationsformel lassen sich die meisten Politiker nicht presssen. Einer der wenigen, die ein eindeutiges Rollenbild, das der Vaterrolle, besaßen, war Ludwig Erhard. Aber gerade diese Festlegung wie »Vater des Wirtschaftswunders« war ihm in der neuen Position des Bundeskanzlers hinderlich.

Eingriffe in das Denken

Aufmerksamkeit und Vertrauen sind für sämtliche Beeinflussungen als Vorbereitung nötig, deshalb sehen wir in ihnen sehr allgemeine Themen. Die eigentliche Manipulation ist dagegen spezieller. Es gibt sie nicht im universellen Sinn. Die Denkmanipulation, die wir nun behandeln wollen, unterscheidet sich ganz fundamental von der Bedürfnismanipulation und diese sich von der Gefühlsmanipulation, schließlich unterscheiden sich diese Formen wiederum von den Massen- und den Symbolmanipulationen, die wir noch behandeln werden.
Denkmanipulation bedient sich der Eingriffe in den Denkverlauf, sie beeinflußt also nicht in erster Linie die Gedanken, sondern die Produktion von Gedanken. Um zu verstehen, wie sie funktionieren, brauchen wir Kenntnisse über den Produktionsablauf von Denkleistungen. Das geschieht am besten in der Selbstbeobachtung einer eigenen, möglichst einfachen Denkleistung. Wir stellen uns eine einfache Aufgabe, allerdings suchen wir diese nicht wie üblich, möglichst schnell zu lösen. Wir lassen uns viel Zeit – fünf Minuten –, ehe wir fertig sein wollen, und in dieser Zeitspanne beobachten wir nebenbei, wie die Gedanken ablaufen. Eine einfache Denkaufgabe würde drei Wörter, beispielsweise Straße, Hund, Auto, anbieten, aus denen ein Satz zu bilden ist. Dabei ist für die Beobachtung wichtig: Was war zuerst in uns da, wie bildete sich etwas Gedachtes, wie ging es weiter, was kam danach. Anschließend sollte die Satzbildung möglichst in ihren Stufen geschildert werden.

Denkmanipulation durch Ausschalten des Mitdenkens ist *eine* Möglichkeit, Eingriff in den Denkablauf *eine andere.*
Fünf Versuchspersonen sollen aus drei Wörtern einen Satz bilden (Mathematik, Nordpol, Weltkrieg). Dabei sollen sie vor allem beobachten, wie dieser Satz in ihnen zustandekommt, welche Assoziationen und Gefühle geweckt werden.
Dann wird über diese Assoziationen gesprochen. Am Schluß sollen die Sätze genannt werden. Kaum einer kann ihn noch so formulieren, wie er ihn anfangs geplant hatte.
Denken erfordert Zeit, wenigstens etwas Zeit, um das Gewirr von Einfällen in eine Form zu bringen. Wem es gelingt, in diese Vorbereitungsphase hineinzuschwätzen, und wer es versteht, das gezielt zu tun, hat immense Manipulationsmöglichkeiten. Und das Erstaunliche: Jeder der Manipulierten ist auch noch der Meinung, nur *seine eigenen* Gedanken zu denken!

Nun die Aufgabe, die wir im Fernsehstudio mit Versuchspersonen durchführten. Konzentrieren Sie sich bitte:

Mathematik Nordpol Weltkrieg

Aus den Äußerungen der Versuchsteilnehmer einige Ausschnitte: »Natürlich hat man zunächst gestutzt« – »Bei einigen Wörtern empfand ich: kalt... Nordpol« – »Ich habe plötzlich an meine Reisen denken müssen« – »Das Wort Weltkrieg habe ich nach hinten geschoben, das war mir unangenehm« – »Nein,

ich habe es gleich am Anfang des Satzes weghaben wollen« – »Das hat mich irgendwie an die Schulzeit erinnert« – »Zum Schluß habe ich versucht, aus den Satzteilen einen runden Satz zu machen« – »Nun bin ich ganz verwirrt und weiß meinen Satz nicht mehr.«
Wenn wir diese verschiedenartigen Erlebnisse etwas zu systematisieren versuchen, fällt vor allen Dingen ihre Ungeordnetheit auf. Unser Denken verläuft zunächst verhältnismäßig »chaotisch«, ehe daraus etwas Ordentliches entsteht. In ein theoretisches Schema gezwängt, verläuft ein solcher Denkprozeß etwa in folgenden Stufen:

1. Spannungsumschwung
Bei der Nennung der drei Begriffe ist zunächst in einer Zeitspanne bis zu einer oder sogar mehreren Sekunden ein Stillstand, eine Art überraschter Leerlauf festzustellen. Unbewußt organisiert sich die Denkausgangslage.

2. Begriffshöfe
Die Wörter lösen Vorstellungen aus. Beispielsweise erzählte eine frühere Versuchsteilnehmerin, sie habe am Tag vorher eine Schulfunksendung über den Nordpol gehört, nun sei ihr bei der Nennung die Geräuschkulisse der Sendung, das Pfeifen des Windes usw. in Erinnerung gekommen. Andere Teilnehmer hatten andere Vorstellungen. Man sieht also deutlich, daß selbst bei identischen geistigen Endprodukten unterschiedliche Denkabläufe gegeben sind. Übrigens ist dieses Stadium als Eingriffsmöglichkeit für Manipulateure besonders interessant. Wenn man Vorstellungen in bestimmer Weise provoziert, beeinflußt man hier den Denkablauf.

3. Zentralwort
Die drei Wörter sind für uns nicht gleichwertig, weil wir überhaupt oder nur zufällig heute (durch vorherige Erwähnung oder dergleichen) zu einem dieser Begriffe eine nähere Beziehung haben. Dann ist er nicht nur vorstellungsreicher, sondern wir räumen ihm für das (theoretisch) nächste Stadium eine größere Bedeutung ein.

4. Beziehungsgefüge
Das Zentralwort wird unversehens zum Leitwort. Die meisten setzen es daher im späteren Satz an den Anfang. Nur manche, die sich einen besonderen Effekt davon versprechen, heben es sich (ohne das bewußt zu bedenken) für den Satzschluß auf.

5. Sprachliche Formulierung
Nun erst wird aus den Sprachfetzen ein Satzteppich geknüpft. In diesem Satz – für uns unbemerkt – fließen die vorhergehenden »Vor-Gänge« mit ein. In der Selbstbeobachtung Ungeübte glauben daher, ihr Denken spiele sich nur im Formulierungsstadium ab. Auch der Manipulateur, wenn er gefragt würde, nimmt das wahrscheinlich an. Aber in seiner Handlungsweise stellt er sich vor allem auf die vier vorherigen Denkstadien ein, denn in diesen Stadien sind wir schutzloser und manipulierbarer.

Geistige Tricks

Wir kennen nun die beiden Voraussetzungen, um die geistigen Tricks in ihren Mechanismen zu verstehen.
Zum einen: Denken ist zum größten Teil unbewußt, wie bei allen anderen psychischen Vorgängen ist dabei nur ein Fingerhut voll bewußt. Der Manipulateur greift in diese frühen unbewußten Denkstadien ein: in das aufmerkende Abwarten, in die Vorstellungsentstehung, in die gleichsam unkontrollierten Entfaltungen von Gedankensplittern. Das ist sozusagen die Ortsbestimmung, wo anzusetzen ist.
Zum anderen: Wie verfertigt man geistige Manipulation? Die Techniken wurden zusammengefaßt charakterisiert als: Verwirren – Verunsichern – Abwerten.
Von den drei allgemeinen Charakterisierungen ausgehend, sollen nun die vielen Gelegenheiten für geistige Manipulateure aufgegliedert werden. Wegen der Fülle des Materials müssen wir auf ein knappes »Rezeptbuch« ausweichen, das der Leser für jeden Punkt ohne weiteres zu einem ausreichenden »Menü« verbaler Manipulation anreichern kann.
Zunächst zur Gruppe der Verwirrungstricks. Man nehme – um im Bild zu bleiben – irgendeinen Sachverhalt und vermeide jede rationale Klärung durch verschiedenartige Vermengungen:

1. Eingriffe in die Wortbedeutung. Eines der hübschesten Beispiele ist der Begriff Bolschewiki, also Mehrheitler, für diejenigen, die zur Zeit der Entstehung des Begriffs die Minderheitler waren. Überhaupt ist dieser Trick ein Lieblingsspiel auf dem politischen Feld: »Saubere Bombe«; »Berufsverbot« für Verbeamtungsverbot.

2. Herstellung eines Durcheinanders. Zitat aus der Bibel, Apostelgeschichte, 19. Kapitel, Vers 32: »Etliche schrien dies, etliche ein anders, und die Gemeinde war irre, und die meisten wußten nicht, warum sie zusammengekommen waren.« Es scheint nicht neu zu sein, aus einem künstlichen Durcheinander als Gewinner hervorgehen zu wollen.

3. Mißbrauch von Wörtern des Gegners – »Nationalsozialismus« als Begriff für etwas, was mit dem historischen Sozialismus nichts zu tun hatte. Für den Begriff »Volksdemokratie« gilt das gleiche.

4. Vermeidung gefährlicher Wörter. Von Goebbels stammt seinerzeit der Befehl für Zeitungsredakteure, das Wort »Attentat« aus dem Vokabular zu streichen.

5. Verwendung von Schlagwörtern. Schlagwörter (englisch: *catchwords*) sind Markenartikel. Wie diese sollen sie mehr aus einer Sache durch ihre Beziehung machen. Ungezählte Wirkungen haben sie bereits erzeugt. Sie reichen vom »Krawatten-Muffel« bis zur »Verzichtspolitik«, vom »Superweiß« bis zur »Chinesischen Trumpfkarte«. Übersteigert werden Schlagwörter zu Wortknüppeln: »Sie Materialist«, »Sie Reaktionär« ...

6. Verdrehung von Wortbedeutungen. Wer schreibt schon »höhere Preise«? Im Sinn unseres Themas heißt es »neue Preise«. In der Politik totalitärer Staaten wird das Wort »Einmarsch« durch »brüderliche Waffenhilfe« ersetzt. Aus der Wortverdrehung entsteht die Sinnverdrehung. Für Zeugnisse wird von Verbänden unter anderem empfohlen, statt der Note 6 (völlig ungenügend) zu schreiben: »Er hat sich bemüht, die ihm übertragenen Aufgaben zu unserer Zufriedenheit zu erledigen.«

7. Vorliebe für Fremdwörter. Fremdwörter gleichen Exoten, man durchschaut sie schwerer; außerdem tragen sie einen Schleier, hinter dem man viel verstecken kann.

8. Benutzung gefühlsgeladener Wörter. Das Wort »Lebensqualität« ist als Begriff ebenso leer wie gefühlsträchtig.

9. Darbietung von Scheintatsachen. Es heißt nicht: »Viele kaufen unseren Artikel«, sondern »...-Meinungsforschungsinstitut stellt fest, daß 77,8 % der Bundesbevölkerung zufriedene Kunden unserer Produkte sind«. Statistiken sind wie delphische Orakel. Wer weiß schon, wie die Urteile zustande kommen?!

10. Nichtssagende Formulierung. Politische Dauerverhandlungen finden zumeist in einer »sachlichen, aber freundlichen Atmosphäre« statt.

11. Faule Argumente und Übertreibungen. »Mit dem Wasch-

»Weiß, weißer, am weißesten! – Das strahlendste Weiß meines Lebens! – So weiß, weißer geht's nicht!« und eines Tages geht's »noch weißer«...
Ist Ihnen dieser Unsinn schon aufgefallen? Weiß ist weiß, das kann man nicht steigern, das ginge nur, wenn man bei hellgrau anfängt.
»Weiß« kann natürlich schmuddelig sein oder vergilbt, aber dann ist es eben nicht weiß, sondern hellgrau, hellgelb oder ähnlich.
Jahrzehntelang arbeitet die Werbung schon mit den verschiedensten Unsinnsparolen und hat immer wieder Erfolg.
Wer selber denkt, wird den Unsinn entlarven und nicht hereinfallen.

mittel ... können Sie ... Wäschestücke waschen.« Eine solche Argumentation besagt überhaupt nichts. Man kann damit ein einziges Taschentuch ebenso waschen wie Hunderttausende; wenn ein Maßstab fehlt, ist nichts bewiesen. – Windschlüpfigkeit bei Autos ist ein beliebtes Verkaufsargument. Aber gibt es die »beste« Stromlinienform – bei 180 und gleichzeitig bei 50 Stundenkilometern, bei Frontalwind, bei Seitenwind? Nach solchen Argumenten müßte man das Lenken um die Ecke verbieten. Man spekuliert mit solchen Einreden auf Leute, die auch dann noch nach Antwort suchen, wenn man sie etwa fragen würde: Gibt es in England auch den 17. Juni? Wie viele Geburtstage hat der normale Mensch?
Alle diese Tricks dienen nicht der Aufklärung, sondern der Verwirrung. Die nächste Gruppe an geistigen Manipulationen dient der Verunsicherung beziehungsweise der Erhaltung von Unsicherheit.
12. Verschweigen von Tatsachen. Von der Frau eines anglikanischen Geistlichen aus der Zeit Darwins ist folgender Satz aus einem Brief erhalten: »Hoffen wir, daß Darwins Lehre nicht wahr ist. Sollte sie aber doch wahr sein, so laßt uns beten, daß sie nicht allgemein bekannt wird.«

13. Überhören von Einwänden. In Diskussionen wartet man eine Atempause des »Diskussionspartners« ab, um dann, ohne auf dessen Gerede einzugehen, seinen eigenen Faden aufzunehmen. – Ähnlich ist das Verschweigen von Tatsachen, zum Beispiel in Arbeitszeugnissen, wer die Kündigung ausgesprochen hat.

14. Fangfragen (in ihnen stecken vorausgesetzte Behauptungen beziehungsweise Irreführungen). In der Fernsehfassung wurde dafür ein Beispiel eines Interviews mit dem Bundesaußenminister gebracht. Reporterfrage: »Wie erklären Sie die Doppelzüngigkeit dieser Politik?« – Andere Fangfragen: »Wie hieß der Archäologe, der die berühmte römische Goldmünze mit dem Prägedatum 46 nach Christus fand?« – »Einige Monate haben 30 Tage, andere 31. Wie viele Monate haben 28 Tage?«

15. Unterschiedliche Meinungen an verschiedenen Orten. Man vergleiche hierzu die Reden der Abgeordneten vor dem Bundestag und im heimischen Wahlkreis.

16. Nutzung von Mehrdeutigkeiten. Als *ignoratio elenchi* altbekanntes Mittel, den Streitpunkt unmerklich vom unangenehmen Thema wegzuschieben. Als nützliche Formulierung zum Entwischen dient die Einleitung: »Ich gehe davon aus...«

17. Wahlen, die keine sind. Nicht nur die »Wahlen« in undemokratischen Ländern sind hier gemeint. Auch der kleine Manipulateur kann die Alternative aufstellen: »Wollen Sie Krankheit oder unser Medikament?« Dabei ist die Alternative völlig indiskutabel.

18. Verwendung von Leerformeln – Platitüdenschmiede. Besonders beliebt für Wahl- oder Parteiprogramme, bei denen niemand verprellt werden soll. Stichwort: Wir sind für Gerechtigkeit. Frage: Besagt das etwas? Ist jemand absichtlich für Ungerechtigkeit?

19. Allgemeinheitsdruck. »Eine Million Käufer können sich nicht irren – und Sie zögern noch?« – Dabei haben sich bekanntlich schon mehr als eine Million Menschen geirrt.

20. Verdrehung der Meinung. Der scharfe Gegner eines Versammlungslieblings: »Mein Vorredner hat völlig recht...« Nach der Verblüffung und dem unterdrückten Widerstand des Publikums dreht er daraufhin in unmerklicher Änderung den ersten Satz in sein Gegenteil um.

21. Unbegründete Verallgemeinerung. »Aller Anfang ist schwer« – Mancher Anfang ist schwer. Aus der Regel soll ein Gesetz manipuliert werden. Stichwort: Übergeneralisierung.

22. Moralische Aufweichung. Verführer haben immer versucht, moralische Hinderungsgründe anzuzweifeln. »Warum sollte man...?« Dies geschieht nicht aus Liberalisierungs-, sondern aus Manipulierungsgründen.
23. Schmeicheleien. Eine der sichersten Schmeicheleien beginnt mit den Worten: »Ich möchte mir von Ihnen einen Rat holen...«
24. Beziehungsfallen. Der berühmteste Fall: Der »Hauptmann« von Köpenick erhielt keine Aufenthaltsgenehmigung, weil er keine Arbeitsstelle nachweisen konnte. Er erhielt aber keine Arbeit, weil er keine Aufenthaltsgenehmigung besaß. Manche Vorgesetzte verlangen zum Beispiel Informationen, die nur illegal zu erlangen sind, aber sie verbieten illegale Methoden. Sie erwarten natürlich, daß die Untergebenen auf eigenes Risiko die Informationen beibringen.
25. Augenblicksdogmatiker. Ein Spionageverdacht tritt auf. Da gibt es regelmäßig die Kommentatoren, die die Verantwortlichen rügen, den Spion nicht früher in den Überprüfungen rigoros durchleuchtet und entdeckt zu haben, und zwar wenn sich der Verdacht bestätigt. Wenn er sich allerdings nicht bestätigt, rügen sie die Verantwortlichen, daß sie unbescholtene Bürger durch Schnüffelmethoden in ihrer persönlichen Würde diffamieren. Nachträglich wird im Brustton der Überzeugung ein jeweils austauschbares Dogma verkündet. »Augenblicksdogmatiker« nannte sie Karl Otto Erdmann vor vielen Jahrzehnten in dem Buch »Die Kunst, recht zu behalten«.
Der verbalen Verwirrung und der Verunsicherung folgt (drittens) die Abwertung. Man kann einen Sachverhalt aufbauen. Aber das tut der Manipulateur mit seinem Manipulationsziel (zumindestens im Bereich geistiger Manipulationen) selten. Er verfährt umgekehrt. Er macht alles neben seinem Ziel herunter, um sich und sein Ziel dadurch *indirekt* zu erhöhen. Noch besser allerdings ist es, wenn der Manipulateur sich schon auf vorhandene Schlechtigkeiten stützen kann.
26. Unbemerkte Beurteilung. Ein typisches Beispiel dazu aus der Zeitung: »U2-Pilot gegen Sowjetspion ausgetauscht« (nur der andere ist ein Spion).
27. Abwertende Beimengungen. Beispiele: Kadavergehorsam, intellektueller Pinscher, Versöhnungsapostel.
28. Uniformer Wortgebrauch. Interessantester uniformer Sprachwandel der letzten Zeit: Ostzone, SBZ, sogenannte »DDR«, DDR. Weitere Beispiele sind die Ideologiemundarten.

29. Persönlich werden. Häufigste Formulierung: »Das können Sie in Ihrem Alter gar nicht beurteilen.«
30. Aufwertende Wiederholung. Eine häufig wiederholte Lüge erhält mit der Zeit auch eine Art Ehrwürdigkeit. Der Manipulateur muß sich nur der Tugend der Treue zu seiner Lüge befleißigen.
31. Vorurteilsstützung. Unsere Denkökonomie bestimmt uns, eine Unmenge Vorurteile zu besitzen, denn wer kann schon alles selbst beurteilen. Stützt sich der Manipulateur auf Vorurteile, kann er eine ganze Menge Abwertung unterbringen.
32. Abwertung unter dem Beziehungsaspekt (P. Watzlawick). Ein Fachmann, der zu einem Laien sagt, wie viele chemische Elemente es gibt, deutet bei der gleichen Aussage gegenüber einem Fachmann etwas anderes an. Dann nämlich drückt er gleichzeitig aus, daß er von dem Fachkollegen nicht viel hält! Belehrung kann auch Bewertung des Belehrten sein.
33. Umwertung. Eine harmlose Sache kann man dadurch kritisch machen, daß man sie ständig über entsprechende Kanäle als kritisch umwertet. Beispielsweise geschieht das durch die Dramatisierung von Meinungsverschiedenheiten zwischen Verbündeten. Umgekehrt läßt sich eine kritische Situation verharmlosen, wie etwa die Gesundheitsgefährdung durch unbewiesene Hinweise auf die Unschädlichkeit einzelner Medikamente.
34. Herabwürdigung. Wenn alle bisherige Manipulation nichts hilft, kann man den Kontrahenten lächerlich machen: »Er hält sich für den Größten, dieser halbe Bismarck...«
35. Bei der letzten Bundestagswahl im Herbst 1980 wurde folgende Feststellung über bestimmte Gegner getroffen: »Die sagen, was sie meinen, wobei sie behaupten, sie meinten gar nicht, was sie sagen, aber sagen wollen sie es trotzdem.« Hetze mit beschränkter Haftung.
36. Stützung auf Niedrigkeiten. Der Verriß verkauft sich besser als das Lob, noch besser aber der höhnische Verriß. Es handelt sich also dabei nicht nur um Selbstheilungsversuche seelisch gestörter Kritiker, wie dies immer wieder merkwürdige Kritiken belegen.
37. Beurteilung durch Einordnung. Beweise sind in der öffentlichen Diskussion Mangelware. Dagegen wird »bewiesen«, indem man behauptet, dasselbe schon seit zwei Jahren zu sagen, der andere dagegen seine Version heute erstmalig. Oder: »Das hat schon... (ein möglichst großer Mann mit einem

umfangreichen und deshalb schwer nachprüfbaren Zitatenschatz) gesagt.« Besonders manipulationssicher sind Bewertungen, die als Urteile ausgegeben werden: falsch, unwahr, unwissenschaftlich, rückständig, mechanistisch, wertlos, zweifelhaft, unverständlich...

Wir wollen es bei diesen 37 geistigen Manipulationstricks bewenden lassen. Jeder sieht, daß man hier ergänzen kann. Zumindest für den letzten Punkt – den Beweis – wollen wir das tun. Der Grund liegt in der heutigen Vernachlässigung der Beweislehren. Außerdem könnten sie (allerdings bei intensiverer Beschäftigung mit ihnen) zur Immunisierung gegen geistige Manipulationen dienen.
Nach der alten Beweislehre entsteht ein berechtigtes Urteil durch die Zusammenziehung von zwei gesicherten Vordersätzen. Das gebräuchlichste Beispiel lautet:
Alle Menschen sind sterblich (erster Vordersatz); Claudius ist ein Mensch (zweiter Vordersatz); also ist Claudius sterblich (erschlossenes Urteil aus der Zusammenziehung beider Vordersätze). Dabei kann es auch zwei Arten logischer Fehler geben: Verstöße gegen die Vordersätze und Verstöße gegen die Folgerichtigkeit.

A. Verstöße gegen die Vordersätze (proton pseudos)

1. Erschleichung eines Grundsatzes *(petitio principii)*
   »Eigentum ist Diebstahl.
   Diebe sind gemeine Menschen. Also sind besitzende Menschen gemein.«
   (Der Fehler liegt in der Unwahrheit des ersten Satzes, der erst bewiesen werden müßte.)
2. Übergang in eine andere Seinsgattung *(Metabasis eis allo genos)*
   Berühmtes Beispiel ist der ontologische Gottesbeweis des Anselm von Canterbury: Aus unserem Gottesbegriff folgt die Existenz Gottes.
   (Sprung aus dem Bereich der Ideen in den Bereich der Wirklichkeit.)
3. Wer Vordersätze zu umfangreich ansetzt, beweist nichts.
   »Was man sich nicht gegeben hat, darf man sich nicht nehmen.
   Das Leben haben wir uns nicht gegeben.
   Also dürfen wir uns das Leben nicht nehmen.«
   (Danach dürften wir uns weder rasieren noch Haare oder

Fingernägel schneiden, denn die haben wir uns auch nicht gegeben.)

4. Zirkelbeweis *(circulus vitiosus)*
   »Daß Gott existiert, sagt die Bibel.
   Die Bibel ist Gottes Wort.
   Also existiert Gott.«
   (Ähnlich verhält es sich bei der Tautologie, einer Bezeichnung mit gleichbedeutenden Wörtern, wie zum Beispiel »kleiner Zwerg«.)

B. Verstöße gegen die Folgerichtigkeit (subreptio)

1. Schlußsprung *(saltus in concludendo)*
   »Die Gedanken kommen beim Menschen nicht ohne das Gehirn zustande. Also sind die Gedanken ein Produkt des Gehirns.«
   (Hier wird ein Vordersatz übersprungen.)
2. Mehrdeutigkeit *(Amphibolie* oder *aequivocatio)*
   »Die Strauße legen Eier.
   Ein Veilchenbukett ist ein Strauß.
   Also legt ein Veilchenbukett Eier.«
3. Verwechslung einer eingegrenzten gültigen Aussage mit einer Aussage schlechthin *(dictum secundum quid et dictum simpliciter)*.
   »Was du nicht vergessen hast, beherrscht du noch.
   Arabisch hast du nicht vergessen.
   Also beherrscht du Arabisch noch.«
4. Verwechslung der Reihenfolge mit der Ursache *(post hoc, ergo propter hoc – hysteron proteron)*.
   Hierher gehören die vielen falschen Analogiebeweise. Ein Beispiel: »Der Tag folgt der Nacht – also ist die Nacht die Ursache des Tages.«

In den logischen Fehlern stecken oft psychologische Fehler. Was kritisiert beispielsweise Kritik? – Häufig hört man die Forderung, die Kritik müsse objektiv sein. Das ist kaum möglich, wenn man sich zum Beispiel in einer Konzertkritik nicht nur auf Sachurteile beschränken will (wie etwa »im Orchester wirkten 86 Musiker mit«). – Kritik, zumal wenn sie psychologisch unreflektiert geschieht, kritisiert in erster Linie sich selbst, denn der Kritiker bezieht sich zwar auf ein Objekt seiner Kritik, aber er hatte vor seiner Begegnung mit diesem Objekt eine Erwartung gegenüber dem Angebot.
In erster Linie kritisiert jeder Kritiker das Verhältnis seiner

Erwartung zum tatsächlichen Angebot. Statt A (das Angebot) zu kritisieren, bezieht er sich auf der Grundlage von B (seiner Erwartung) in seiner Kritik eigentlich auf C (dem Verhältnis von A zu B). Es ist ein subjektiver Bezug. Dieser wird im einen Extrem ein pathologischer Selbstbezug sein, im anderen Extrem wird der Bezug fast der Objektivität reiner Sachurteile angenähert sein, ohne sie aber je erreichen zu können.
Es ist folglich nicht verwunderlich, daß manche Kritik kaum etwas nützt, denn der Kritisierte unterliegt natürlich seinerseits wiederum diesem ABC-Gesetz. Und so fühlen sich alle mißverstanden, aus dem Zusammenhang gerissen zitiert, einseitig bewertet oder böswillig verleumdet. Dazu kommt noch, daß heute eine negative Kritik mehr geachtet wird als ein Lob: Das prägt weiterhin die »Güte« der allgemein geübten Kritik. Wenn man von geistigen Manipulationen hört, dreht es sich häufig um eine Kritik der Kritiken.

Zitate aus einem alten Betrugslexikon

Die geistigen Manipulationen haben wir bisher vor allem in ihrer formalen Natur behandelt. Über die inhaltlichen Lügen, Verdrehungen und sonstigen Unlauterkeiten kann jeder eigene Erfahrungen beisteuern. Um jedoch dieses Thema nicht gänzlich zu übergehen, zitieren wir aus einem alten Betrugslexikon, aus dem schon Goethes Vater seinem Sohn vorgelesen hat. Es stammt von dem Amtsrichter Georg Paul Hönn aus Coburg und wurde 1720 erstmals veröffentlicht. Er schreibt darin: »In meiner Jugend auf Reisen, hernach bei meinen 33jährigen Diensten, besonders richterlichen Amte, ist mir mancher Betrug vor Augen und zu Ohren gekommen, und da ich mitleidig so öfters darüber Klagen hören, bin ich auf die Gedanken gefallen, es werde meinen Nebenchristen nicht undiensam sein, hiervon einige Entdeckung zu tun.«
Trotz der barocken Sprache ist dieses Buch auch heute noch gut lesbar und vor allem lehrreich. Da wir das Buch nicht von A bis Z wiedergeben können, zitieren wir ein Beispiel für A und ein Beispiel für Z. Zu A ein Auszug aus dem Abschnitt »Ärzte betrügen« und zu Z den Abschnitt »Zeitungsschreiber betrügen«.

Ärzte betrügen:

1. Wenn sie alle und iede Patienten, so viel nur ihrer Hülff begehren, um des schnöden Gewinsts willen annehmen, und

gleichwol vor alle gnugsame Sorge zu tragen nicht vermögend seyn.

2. Wenn sie auch die allergeringste Unpäßlichkeit gefährlicher machen als sie eigentlich ist, damit ihnen, wenn der Patient aufkomt, desto mehr vor ihre getragene Sorge und so vielfältig gehabte Mühe, wie auch sehr oft gethane Gänge, verschriebene *Recepte* und sonst mitgetheilten Rath bezahlet, sie auch desto mehr gerühmet werden mögen, als hätten sie den Patienten gleichsam vom Tode errettet; daher auch eifrigst Anlaß geben, daß man für den Patienten in der Kirche bitten, auch wohl als vor einen in Todes-Nöthen liegenden, den Herren Geistlichen bald rufen soll: wann er aber nun stirbet, sie sich desto besser mit ihrem gethanen *Prognostico* schützen, als hätte es wohl nicht anders nach der Kranckheit Beschaffenheit werden können.

3. Wenn sie, da sie sehen, daß die Kranckheit nicht gar zu gefährlich, dem Patienten solche *Medicamenta* verordnen, die weder Schaden noch Nutzen bringen, damit sie denselben nur etliche Wochen aufhalten, und es hernach heissen möge, es sey eine langwierige Kranckheit gewesen, welche dem *Medico* viele Mühe verursachet.

4. Wenn sie, dem Apothecker zu Gefallen, denen Patienten kostbare Arzneyen verordnen, da doch die Kranckheit wohl mit geringern Mitteln eben so gut hätte können gehoben werden. Wie denn ein gewisser *Medicus* sich einsten mit Recht beschweret, daß man öfters ohne Noth in den *Recepten* fünde, das *Dia-Dia*, z. B. *Spec. Dia-Ambrae, Dia-Moschi, Dia-Margariticor & C.*, welches alles kostbare *Medicamenta* sind.

5. Wenn sie von dem Apothecker, mit welchem sie in Verständnis sind, von iedem *Recept*, so sie in selbige Apothecke verschreiben, sich ein gewisses ausbedingen, und *accordiren.*

6. Wenn sie gleicher Weise gewisse Barbirer und Bader an sich haben, welchen sie Aderlassen, Schröpfen und dergleichen nicht nur öfters wider allen Willen der Patienten zuweisen, sondern wohl gar die Patienten zu dergleichen ohne Noth *persuadiren*, damit sie nur ihren Vortheil davon haben mögen.

7. Wenn sie arme Dürftige, von denen sie nicht viel oder keine Belohnung zu gewarten, unter nichtigen Vorwand ermangelender Zeit, Rath- und Hülflos lassen.

8. Wenn sie, um andere in die Meynung zu setzen, als hätten sie so sehr viel zu verrichten, entweder die Leute lange warten, und wo möglich, einige zusammen kommen lassen, und wohl dennoch sie, ohne abzufertigen, von Zeit zu Zeit aufhalten, oder gar endlich wiederkommen heissen. …

14. Wenn sie sich vieler *arcanen* Dinge (Arzneien, Anm. d.

Red.) rühmen, und, was vor Curen sie mit ihren *Specificis* bereits gethan, allenthalben ausschreyen, um sich dadurch einen Namen zu machen.

15. Wenn sie nicht nur solche *arcana*, welche anfänglich vor eine gewisse benahmte, nachgehends aber vor alle Kranckheiten helffen sollen, denen Leuten wider Danck und Willen aufdringen, sondern auch, um in ihrem Gesuch desto glücklicher zu seyn, allerhand kahle und falsche Beschuldigungen und Verleumbdungen gegen den vorher gebrauchten *Medicum* anbringen.

16. Wenn sie bey ihren *Raisonements* von Kranckheiten den Leuten nach dem Maul schwatzen, ob sie schon oftmals besser von denen Kranckheiten *informirt* sind.

17. Wenn sie unter allerhand Vorwand, in der That aber aus Neid und Mißgunst, auch in gefährlichen Kranckheiten auf keinerley Weise einen andern *Medicum* in der Cur neben sich leiden, noch mit ihm redlich und aufrichtig *communiciren* wollen.

18. Wenn sie sich in Kleidung kostbar und ungemein *propre* aufführen, um dadurch ein grösseres Ansehen bey ihren Patienten zu gewinnen.

19. Wenn sie die Leute mit Anrechnung derer Kosten vor verschriebene Arzneyen und gethane Cur unbilliger Weise übersetzen, und das *Dat Galenus opes* meisterlich zu *practiciren* wissen.

20. Wenn sie allzugrosses Werck und Rühmens von der *Uroscopia* oder Beschauung des Harns machen, und allerhand List anwenden, die Umstände zu erforschen, und nachgehends denen *Patienten* oder deren Abgeordneten seltsame Dinge weiß machen wollen, um sich dadurch von den gemeinen und *superstitieusen* Volck einen Zulauff zu schaffen.

Zeitungs-Schreiber betrügen:

1. Wenn sie zu denen von andern Orten her erhaltenen *Relationibus* aus eigenem Gehirn noch ein mehrers ohne Grund dazuthun, oder aber, zumahl da die *Relation* ihre Religion und Religions-Verwandte betrifft, das Beste davon weglassen.

2. Wenn sie eine Begebenheit, welche sich an einem Orte zugetragen haben soll, ohne Noth vielfältig wiederhohlen, und damit nur die Blätter voll werden mögen, von vielen Orten her *confirmiren.*

3. Wenn sie zu Ausfüllung der Blätter selbst Dinge, die zwar möglich, aber zu der Zeit nicht geschehen seyn, *fingiren*, und es hernach als eine warhafftige ietzt passirte Geschichte in die Welt schreiben.

4. Wenn sie bey Ermangelung der Materie, die Blätter voll zu machen, alte Histörgen in die Zeitungen mit eindrucken lassen, und solche vor neue, und als ob sie erst kürzlich passiret wären, ausgeben.
5. Wenn sie aus Mangel dessen, was sie schreiben sollen, Dinge berichten, an deren Wissenschaft der Welt doch nichts gelegen, und z. B. daß dieser oder jener vornehme Herr sich mit der Jagd, Comödien, Opern, Schlittenfahrt und dergleichen *divertiret*, oder an dem Fuß Ader gelassen, oder sonst ein *Courier*, ohne Bemeldung, was er mitbringe, durch diese oder jene Stadt passiret, dergleichen Zeug mehr in einen Thor-Zettul, als in die Zeitung gehört, und was dergleichen unnöthige Dinge mehr sind, berichten.
6. Wenn sie nach geschehener *Censur* und wider derer *Censorum* Vorbewust ein und andere nachtheilige Passage mit einfliessen lassen, und noch nachschicken, um dadurch dieser oder jener Parthey zu *flattiren.*
7. Wenn sie bey geschehenen Treffen den Verlust derer Feinde grösser, hingegen den Verlust der Ihrigen desto geringer machen.
8. Wenn sie vom *Auctore* oder Verleger eines Buchs Geld nehmen, und dasselbe, ohnerachtet denen Gelehrten oder dem *Publico* gar wenig oder nichts daran gelegen, mit unverdienten Lob-Sprüchen *recommendiren* und kund machen.
9. Wenn sie gegen einen *Recompenz* dieses oder jenes Mannes Thaten, wie er sie ihnen angiebt, um sich der Welt bekannt und damit groß zu machen, in ihren *Advisen* setzen.

»Mittel dawider«

Im Hönnschen Betrugslexikon sind nach jeder Nennung betrügerischer Machenschaften unter dem Titel »Mittel dawider« Hilfen gegen solche Übervorteilungen genannt. Wenn diese auch weniger gut als die Trugbilder gelungen sind, bilden sie doch eines der wenigen Vorbilder für unser Bestreben, Manipulationen entgegenzutreten. Denn im Gegensatz zur umfangreichen Geschichte anderer Einflußbereiche, wie zum Beispiel der Erziehung, der Rhetorik, der Psychotherapie und der psychischen Hygiene, hat die *Immunisierung gegen Manipulation* kaum Tradition.
Bei Hönn heißt es beispielsweise gegen die Betrügereien von Baumeistern: »Vorsicht des Bauherrn bei seinem Baukontrakt,

das darinnen, wie alles und jedes bei dem Bau beschaffen sein soll, auf das Eigentlichste ausgedrucket, auch überall die Gewährschaft geleistet werde. – Fleißige Zuratziehung erfahrener Personen. – Mit Vorauszahlung des Baugeldes soviel wie möglich an sich zu halten.«
Gegen die betrügerischen Kanarienvogelhändler: »Das man Vögel, so für Hähne, echte, gesunde und alte ausgegeben werden, nicht eher erhandle, bis man sie singen gehöret, sindemal man an dem Gesange leichthin einen echten Kanarienvogel von einem Bastarden und einen Hahn von einem Weibgen unterscheiden kann.«
Über die Gelehrten seiner Zeit schreibt Hönn unter anderem: »Gelehrte betrügen, wenn sie, da sie in der Welt einige Autorität erlanget haben, vermittels solcher ihre unbegründete Meinung anderen wie evangelische Wahrheiten aufdringen und beibringen; wenn sie mit Fleiß eine unleserliche Schreib-Art affektieren, nur damit man sie, nachdem einmal gefaßten Präjudizio: die Gelehrten schreiben übel, auch vor Gelehrte halten möge ... Mittel dawider: solche Betrügereien, welchen völlig abzuhelfen unmöglich, kann teils durch scharfe Zensur und Entdeckungen dergleichen Betrügerei vorgebeuget werden.«
Für Hönn erweisen sich als wichtigste Mittel gegen betrügerische Manipulation: genaue Beobachtung, vorsichtige Prüfung und Vorbeugung durch den Erwerb eines ausgiebigen Wissens gegenüber unlauteren Absichten. Das scheint uns auch heute noch beherzigenswert. Manipulationsbestrebungen wird es so lange geben, wie man sie nicht erkennt und an den Pranger stellt. In den öffentlichen und privaten Auseinandersetzungen steckt oft soviel dumpfe Feindseligkeit, die zum Teil daher rührt, daß man sich zwar der Fremdbestimmung bewußt, sich aber über die Art der Manipulation nicht im klaren ist. Mit zitternder Erregung kämpft der Unkundige, statt mit geistiger Überlegenheit ruhig zu erwidern.

Geistige Freiheit und Demokratie

Vor einigen Jahren soll es eine Institution gegeben haben, die die folgenden »Dienste« anbot. In zahlreichen Zweiergruppen wurden Mitarbeiter der Firma ausgeschickt, um in der Öffentlichkeit Gerüchte im Auftrag von Kunden auszustreuen. Beispielsweise trug einer aus der Zweiergruppe den Arm in der

Schlinge. Sie trafen sich scheinbar zufällig im überfüllten Postamt: »Ach, Tag Herr Müller, was haben Sie denn mit Ihrem Arm gemacht?« – »Oh jeh, fragen Sie mich nur nicht.« – »Wieso?« – »Na, ich habe mir ein neues ... – Auto gekauft, und prompt bin ich im Graben gelandet. Die Hinterachse ist so miserabel, daß man nur warnen kann, ... zu kaufen.« Eine Viertelstunde später in der vollen Straßenbahn: »Ach, Tag Herr Müller, was haben Sie denn mit Ihrem Arm gemacht?« ... und das den ganzen Tag und den nächsten und so weiter. Einer der Mitarbeiter habe erlebt, daß seine Frau eines der von ihm ausgestreuten Gerüchte ihm selbst acht Tage später erzählt habe. Solche »Brunnenvergiftung« fällt eindeutig unter den Betrugsparagraphen, und diese Institution konnte sich mit »ihren Geschäften« auf die Dauer nicht halten. Aber ist deshalb auch die Technik der Gerüchtebildung ausgestorben? Manche Pressemitteilung macht sehr genau den Eindruck, als sei sie nur deshalb in die Spalten geraten, um jemanden herabzusetzen.

Nun könnte man sich bei dem Gedanken beruhigen, dies träfe ja nur einzelne, die sich gefälligst selbst verteidigen sollten. Aber das ist ein Irrtum. Die Demokratie gewährt soviel Freiheit, daß sie dementsprechend auch stärker mißbraucht werden kann. Freiheit bedeutet hier eben auch mehr Freiheit für den Manipulateur. In repressiven Staaten ist Manipulation rohe Gewalt in den Händen einer kleinen Clique. Die Demokratie läßt diese öffentliche Brutalität nicht zu. Dafür gestattet man die zahllosen kleinen Manipulationen der vielen. Es wird schon fast als Naturgesetz gewertet, daß der Bürger von den Würdenträgern vor der Wahl besser bedient wird als hinterher. Er fühlt sich nicht selten »geleimt«. Und nun tritt eine psychologische Gesetzmäßigkeit in Kraft, die den physikalischen Gesetzen genau zuwiderläuft: je schwächer die Nadelstiche, desto stärker reagiert der Betroffene. Je mehr Freiheit, desto schwerwiegender die *kleine* Beschränkung.

Man sollte sich diese Gesetzmäßigkeit allenthalben etwas genauer ansehen. Vieles an Verdrossenheit weiter Kreise, nicht zuletzt in der Jugend, wird dann (hoffentlich beiderseits) verständlicher. Was sollte man also tun? Geduldig weiterhin erklären, daß es uns besser geht als je zuvor und daß wir noch nie soviel Demokratie hatten wie heute? – Das genügt nicht. Die Schmerzhaftigkeit der Nadelstiche wird dadurch nicht geringer.

Man muß die *psychologische* Gesetzmäßigkeit erklären und verständlich machen! Man muß also von Psychologie sprechen, wenn man Politik machen will. Und hier erweist sich, daß Psychologie fast eine Geheimwissenschaft ist: gekannt und betrieben von sehr wenigen – und zwar (nach Parkinsons Gesetz) elitär nur dergestalt, daß sich die Theoretiker *gegenseitig* beschäftigen. Einige wenige allerdings unter ihnen verkaufen ihr Wissen an die Manipulateure. Dagegen wird der Nutzen der Psychologie fast gar nicht *gegen* die Manipulateure eingesetzt. Die Erhaltung und Festigung der Demokratie kann nicht nur finanziell durch mehr Wohlstand erfolgen. Erforderlich ist auch mehr psychologisches Verständnis für die Demokratie. Und es ist nicht übertrieben, wenn wir hier fast eine Fehlanzeige ankündigen.

Wir wollen diesen Gedankengang hier nicht weiterverfolgen. Er möge so stehenbleiben und als Anregung dienen. Aber er ist wichtig für unser Thema, denn sonst könnte man glauben, Manipulation sei nur Privatangelegenheit und sich dagegen zu wappnen kein Gegenstand der breiten Öffentlichkeit. Das Gegenteil ist der Fall. Je mehr Manipulation zurückgedrängt werden kann, desto mündiger werden die Bürger.

3 An der Nase herumgeführt

Das Bumerangprinzip

Zu Beginn der dritten Folge der gleichnamigen Fernsehreihe wurde ein Beispiel dafür gebracht, wie man durch den richtigen Einsatz der Bedürfnisse Lebewesen von außen steuern kann.
Das Kamerateam fuhr auf einen Bauernhof und filmte ein störrisches Kalb, das am Zugseil des Bauern nur sehr mühsam vorwärtsgezogen werden konnte. Dann erschien die Bäuerin im Bild mit einem Eimer Milch, befeuchtete einen Finger mit der Milch und steckte ihn dem Kalb ins Maul. Eifrig saugend lief nun das Tier hinter der Bäuerin von sich aus in die vorher verweigerte Richtung.
Dieser Vorgang ist exemplarisch, denn er entspricht im wesentlichen dem Grundmodell der neueren Werbung, Verkaufspsychologie und Propaganda. Noch bis vor kurzem galt ein anderes Prinzip, das man die AIDA-Formel nannte.
AIDA steht als Kürzel für *A*ufmerksamkeit, *I*nteresse, *D*rang und *A*ktion. Die Schwäche dieses Modells liegt in seiner Länge. Zwar ist es richtig, daß zunächst Aufmerksamkeit und Interesse geweckt werden müssen, ehe man die Wünsche des Publikums berücksichtigt und es zur gewünschten Aktion anspornt. Aber um alle vier Elemente beispielsweise in eine Werbung einzubauen, braucht man ein viel zu kompliziertes Werbegebilde. Deshalb hat sich in der Praxis seit einigen Jahrzehnten ein anderes Modell durchgesetzt: das Bumerangprinzip.
Der Bumerang ist ursprünglich eine australische Wurfwaffe gewesen, die in leichter Schraubendrehung zum Entsender zurückflog, wenn sie das Ziel nicht getroffen hatte. Heute dient der Bumerang als Fanggerät für Sport und Spiel, bei dem das geschickte Auffangen geübt wird. Entsprechend ist diese *Rückwendung* zum Entsender gemeint, wenn man vom Bumerangprinzip spricht.
Man fragt sich oder läßt untersuchen, welche Bedürfnisse in einem Tätigkeitsbereich angesprochen werden. Wählen wir dazu ein Beispiel. Ein bestimmtes Spiel, etwa ein Tischfußballgerät, wird – nach Untersuchungen – hauptsächlich gespielt, um in einer Gruppe von vier Spielern eine rivalisierende Gemeinschaft zu erleben, um sich also selbst in einer lebhaften

Haben Sie schon einmal versucht, ein Kalb zu etwas zu bewegen, was es nicht will? Gar nicht so einfach!
Aber hält man ihm etwas Milch vor die Nase und einen Finger, an dem es saugen kann, wird es überallhin nachlaufen.
Der Mensch macht das nicht anders. Wer die Bedürfnisse der Menschen kennt, ihnen Befriedigung verspricht, kann die meisten Zeitgenossen zu allem bewegen. Er muß es nur fertigbringen, seine eigenen Ziele mit den Bedürfnissen der Menschen geschickt zu verknüpfen.

sozialen Einheit aufgehoben zu fühlen. Das ist übrigens ein häufiges, drängendes Bedürfnis. Nun würde, so die Untersuchungen, in Werbungen für ein solches Gerät eine lebhafte Gemeinschaft der Zielpersonen im Bild dargestellt, bei dem man auf den ersten Blick die dynamische Gruppenbildung im möglichst positiven Sinn erkennt – und in dieses Bild wird möglichst attraktiv das zu verkaufende Gerät optisch hineinkomponiert.
Wenn man dieses Prinzip erfaßt hat, erkennt man es in den meisten Werbungen wieder. Mit dem beworbenen Produkt wird gleichzeitig etwas kundgetan, was den Leuten ein Bedürfnis ist. Man geht dabei von einem Menschenbild aus, das den Menschen kaum als rationales Wesen anerkennt, sondern als eine Art Bedürfnisgefäß, in dem eine ganze Menge Begierden, Gelüste, Wünsche liegen. Wenn man sie richtig anspricht, reagiert er im Sinn des Manipulateurs.
Das Merkwürdigste daran ist, daß dabei jene Bedürfnisse keineswegs befriedigt werden. Die Gemeinschaft kann durch das Werbebild nicht mitgeliefert, das hübsche Werbemädchen nicht zur Verfügung gestellt werden; der Prestigegewinn wird nur angesprochen, heraufbeschworen, angestachelt – eine Be-

Man spricht vom Bumerangprinzip, um anzudeuten, daß etwas vom Menschen ausgeht und wieder zu ihm zurückkehrt.
In unserem Zusammenhang: Der Mensch äußert seine Bedürfnisse, die er natürlich selbst befriedigen will, also Rückwendung zu ihm selbst.
In der Werbung bedeutet das: nicht einfach die Ware aufschwätzen, sondern die Bedürfnisse der Leute erforschen und dann die Ware mit diesen Bedürfnissen verknüpfen, so gut es geht. Und wenn es nur ein schönes Bild auf der Verpackung ist! Die Ware muß irgendwie diese Befriedigung der Bedürfnisse versprechen.

friedigung findet nicht statt. Und verblüffenderweise ist diese Ansprache der Bedürfnisse ohne Erfüllung mächtiger als die eigentliche Befriedigung. Letztere enthält meist einen Anflug von Enttäuschung. Die Beschäftigung dagegen mit dem Wunschziel, der Tagtraum vom schweren Motorrad, die geheimen Wünsche von der attraktiven Partnerin und die Einbildung vom Abenteuer im fremden Land – sie befriedigen als schwärmerisches Hochgefühl.
Diese Halluzinationen sind die eigentlichen Manipulationsziele. Von Kindesbeinen an werden sie eingeübt, bis der Erwachsene nur noch eine Art Laufbursche seiner Bedürfnisse ist, der sich für Manipulateure leicht lenken läßt. Von Rousseau stammt der Satz: »Das Elend besteht nicht aus dem Nichtvorhandensein der Dinge, sondern aus dem Bedürfnis nach ihnen.« Der Manipulateur benutzt diese Tatsache. Es sind nicht einmal in der Mehrzahl die käuflichen Dinge, die dabei vorgegaukelt werden. Weitaus mehr herumtreiben und Angst machen kann man dem Menschen, wenn man ihm zeigt, was er alles verpaßt, falls er dieses oder jenes nicht mitmacht. Die Steigerung des Erlebnisverlangens ist die Voraussetzung der handlichen Bedürfnismanipulation.

Die Ursachen menschlichen Strebens

Warum macht der eine dies, der andere verhält sich ganz anders, und ein dritter schließlich unternimmt in der gleichen Situation etwas völlig Verschiedenes? Solange es Menschen gibt, hat man über die Verschiedenheit der »Standpunkte« nachgedacht. Es muß doch einen Grund haben, weshalb die gleichen Bedingungen nicht zu gleichen Ergebnissen des Verhaltens führen. Für jeden, der andere beeinflussen will, ist diese Frage ganz entscheidend.

Die Antwort der Psychologie ist unbefriedigend. Wir erhalten von Jahrzehnt zu Jahrzehnt immer neue Formen von »Motivationslehren«, die sich hauptsächlich in der Anzahl möglicher Antriebe für das Verhalten unterscheiden. Allein die von allen mehr oder weniger gebilligte Basis ist tragfähig. Danach sind die Ursachen menschlichen Strebens viel komplizierter, als alle bisherigen Lehren dies nahelegen. Das Verhalten wird innerlich wie äußerlich von vielen Lokomotiven geschoben. Deshalb ist es auch so schwer verständlich, was die Menschen wünschen, besorgen und ausüben. Eine Negativliste kann das verdeutlichen:

- Der Mensch hat nicht nur *einen* Grund für sein Verhalten.
- Seine Gründe müssen nicht mit dem Verhalten übereinstimmen.
- Er kann sie selten überschauen oder gar kritisieren.
- Bei mehreren Motiven obsiegt nicht immer das stärkste oder vernünftigste.
- Hinterher weiß er die Gründe besser, aber es sind meist die falschen.
- Das, was er wünscht, und das, was er *nicht* möchte, ergänzt sich nicht immer zu einer Einheit, oft überdecken sich beide.
- Die nichtanerkannten Gründe verheimlicht er auch vor sich selbst.
- Die erfüllten Wünsche befriedigen ihn selten.
- Er zieht seine eigenen und die Meinungen derjenigen, die ihm sympathisch sind, vor.
- Altgewohnte Motive sind wirkungssicherer als aktuelle.

Diese Liste zeigt nebenbei, wie schwer es ist, Menschen in ihrem Handeln verstehen zu wollen. Aber gerade hier darf der Manipulateur nicht kapitulieren. Er muß wissen, wie er das Verhalten aufgreifen soll, damit die jeweils Manipulierten nach seinen Vorstellungen reagieren. Die Lösung dieses Zwiespalts liegt in der Vereinfachung des tatsächlichen Menschenbildes. Den Manipulateur interessiert nicht das einmalige Individuum, was eben auch das »Unteilbare« heißt. Ihm genügt die hohe Wahrscheinlichkeit der Reaktionen vieler Leute und die Meinung, danach seien alle grundsätzlich primitiv. Hinzu kommt, daß einige immer wiederkehrende Verhaltensursachen, gleichsam Automatismen, zeigen. Die vielgerühmte Vernunft ginge ihnen deshalb ab. Es ist das Menschenbild der Zyniker: Menschen sind schlimmer als eine Herde Esel. Man muß sie nur überzeugen, eine Sache sei ehrenwert, und schon machen sie die schmutzigsten Dinge. Man muß ihre Eitelkeit kitzeln: »Die Deutschen sind führend in der Welt!« – Man muß ihre nieder-

sten Instinkte wecken: »Sportliches Fahren« (für aggressives Verhalten). – Man muß ihre Dummheit voraussetzen: »Drei Dosen nur zwei Mark« – wobei im Geschäft nebenan eine Dose sechzig Pfennig kostet.
Das Fürchterlichste an diesem Zynismus ist der Erfolg dieser Verdummungsstrategen. Da rühmt sich einer, er habe die Farbe zweier Hautcremes testen wollen und nach dem (völlig identischen) *Geruch* gefragt. Getreulich haben die Versuchspersonen die eine Creme als besser riechend bezeichnet und damit auf die vorgezogene *Farbe* verwiesen.
In ungezählten Versuchen wurde der Flaschenhals eines neuen Fruchtgetränks so lange getestet, bis man die optimal größte Öffnung fand, bei der die späteren Käufer am meisten ausgießen, ohne Angst zu haben, etwas zu verschütten.
Bei einer Zahnpastentube wurden andersfarbige Längsstreifen, also zwei verschiedene Sorten Zahnpasta, mit dem Hinweis der verschiedenen sich ergänzenden Qualitäten (obgleich diese sich natürlich auch in einer Sorte hätten mischen lassen) eingeführt. Der eigentliche Grund aber war der, daß die Streifen das ausgedrückte Pastenstück dünner erscheinen lassen und damit zum Mehrverbrauch verführen.
Eine frühere Traktorfirma hatte erheblich mit der Angst der Kunden zu kämpfen, ihr Modell könne leicht nach hinten kippen und den Fahrer unter sich begraben. Obgleich diese Sorge eine gewisse Berechtigung hatte, wäre eine Neukonstruktion viel zu teuer gekommen. Man veränderte daraufhin lediglich die Karosserie, so daß vor dem Kühler eine Ausbuchtung nach vorn herausragte. Dadurch entstand der Eindruck, der Schwerpunkt würde weiter vorn liegen und eine Gefahr des Rückwärtskippens sei nicht mehr gegeben.
Unzählige Beispiele – übrigens *nicht* nur auf dem wirtschaftlichen Sektor, sondern in fast allen Lebensbereichen – deuten darauf hin, was Manipulateure von Menschen halten, nämlich nicht viel. Es ist also an der Zeit, mehr Kenntnisse über solche Manipulationstricks zu verbreiten, damit man bei den Manipulateuren mit mehr Respekt vor den Menschen rechnen kann.
Im Zustand weitgehender Schutzlosigkeit gegen Manipulationen und verbreiteter Unkenntnis über sie ist die Fahrlässigkeit und Bedenkenlosigkeit der Leute, die manipulative Entscheidungen getroffen haben, die eigentliche Gefährdung. Es hat ihnen ja niemand gesagt, daß sie Manipulateure sind. Und weil für sie kaum Gefahr besteht, ertappt zu werden, verharmlosen sie ihre Praktiken und glauben, im Rahmen des Erlaubten zu handeln.

Allerdings müssen wir kritisch anmerken, daß es noch einer breiten Diskussion bedarf, wo die Grenze für die tatsächlich schädigende Manipulation zu suchen ist. Das eigentliche Problem scheint uns in der Chancenungleichheit zu liegen: Die einen haben alle Chancen zu manipulieren, die anderen keine Chance, die Manipulationen zu durchschauen. Letzteren sollte geholfen werden.

Handlungsexperimente und -tricks

Die Handlungsbeeinflussung ist außerordentlich wichtig. Aber da sie schwer zu durchschauen ist, wird sie unterschätzt. Dazu ein Beispiel.

Bei den Wahlen für die Parlamente wird davon ausgegangen, daß eigentlich nur die Wechselwähler wichtig sind. Die Stammwähler bilden das Gros der Wähler und wählen immer wieder dieselbe Partei. Für sie würde sich ein Wahlkampf erübrigen. Dagegen gelten die Wähler, die mal diese und mal jene Partei wählen, als eigentliche Zielgruppe, die es zu überzeugen und zu gewinnen gilt. Dabei wird übersehen, daß es noch eine dritte Verhaltensgruppe gibt, nämlich die nach unseren Ergebnissen gar nicht wenigen Leute, die auf dem Weg zum Wahllokal, das sie oft noch erfragen müssen, erst zu einer »Wahl« kommen. Man kann sie zwar auch in die beiden anderen Gruppen der Stamm- (weil letztlich meist wieder dasselbe herauskommt) oder Wechselwähler (weil für sie zufällig auch das Gegenteil eintreten kann) einreihen, übersieht dabei dann aber meist einen anderen Unterschied. Für die meisten fällt die Wahlentscheidung Wochen oder Tage vor der Wahl und erfolgt aus bestimmten Erwägungen. Die Entscheidung ist also bei diesen politisch aufgeschlossenen Bürgern eine Phase für sich. Aber es gibt eben auch die anderen, die sich vorher nicht damit beschäftigen. Für sie rauscht selbst der größte Wahlkampf ohne Anstoß zur Entscheidung vorbei. Erst wenn die Handlung selbst beginnt, wenn der Wahlsonntag nähergerückt ist, dann ist die »Wahl« ein Teil der Handlung des Wählens. Und diese Wähler sind gänzlich anders motiviert als die Wähler mit vorheriger Entscheidung, denn innerhalb der Handlung selbst bestimmen andere psychologische Gesetzmäßigkeiten die »Wahl«.

Man kann sich das an einem alltäglichen Fall klarmachen. Eine Hausfrau sieht am Abend einen Werbespot über ein Waschmittel. Sie findet die Werbung überzogen, abstoßend, ja ekelerregend; dieses Waschmittel würde sie nie kaufen. Einen oder mehrere Tage später kauft sie Waschmittel ein und vollzieht somit die Entscheidung. Die Werbungen sind alle vergessen, aber nicht ganz, nur die ursprünglich abstoßende Werbung erregt irgendein unbestimmtes Wiedererkennen. Die abgelehnte Werbung führt plötzlich zu einer Beziehung und damit zu einer erhöhten Chance für das *scheinbar* schlecht beworbene Waschmittel. Das Maß der Handlungsgewißheit hängt weniger von rationalen als von äußerlich suggerierten Vergegenwärtigungen ab.

Wer nicht weiß, wie kompliziert wir alle reagieren, wird kaum die Beobachtungen der Psychologen verstehen. Der Impulswähler hat sich möglicherweise am Wahlkampf ergötzt, aber zu einer Entscheidung hat er ihn nicht aufgerufen. Am Wahlsonntag erst drängt sich ihm auf, was er wählen soll. Nun geht er auf Informationssuche, zumindest weiß er bald die abzulehnenden Alternativen. Seine Ungewißheit wird etwas verringert, schließlich erreicht er das Wahllokal und wird im Angesicht der Wahlkommission wieder wankend. Er schirmt sich gehörig ab – oder überlegt es sich noch einmal. In der Kabine ist er überrascht und unsicher: »Wo stehen denn die ...?« Nicht selten verwirrt ihn, daß er oft nicht nur eine Stimme hat. Im Augenblick ist er ziemlich leicht beeinflußbar. Das ändert sich aber sofort, nachdem er das Wahllokal verlassen hat: Entweder hat er Gewissensbisse, oder er rüstet sich zur Selbstverteidigung oder sorgt innerlich für schnelle Ablage im Vergessen. Trotz dieser etwas chaotischen »Wahlhandlung« hat er sich immer noch fast lehrbuchhaft nach der berühmtesten, der Simonschen Entscheidungstheorie, verhalten.

Offensichtlich ist selbst eine so wichtige demokratische Pflicht eine Kette unbemerkter Einzelglieder. Um Menschen nicht nur zu verstehen, sondern auch zu beeinflussen – oder wie in unserem Fall, vor Manipulation zu schützen –, ist ein Überblick über die übliche Handlungsabfolge unabdingbar, natürlich in verallgemeinerter Form, denn die Wahlhandlung und die Entscheidung für das Waschmittel FI 2000, der Anschlag einer Klaviertaste durch einen Pianisten, der Griff nach dem Taschentuch oder das Schreiben des Buchstabens E sind zwar alles Handlungen, aber mit sehr unterschiedlichen Zielen, Zusammenhängen und Abwicklungen.

Zu jeder Handlung gehört ein Zeitraum, bevor es zur Handlung kommt, dazu gehört die Handlung selbst und ein weiterer, der die Nachwirkung dieser Handlung umfaßt. Vorhandlung, Handlung, Nachwirkung sind die drei Hauptphasen jeden

Handlungsgeschehens. Die folgende Tabelle führt innerhalb der Handlungsabfolge (zusammengefaßt aus den maßgeblichen Handlungstheorien) die wichtigsten Teilschritte der drei Phasen auf.

A Vorhandlung	**B Handlung**	**C Nachwirkung**
1. Anteilnahme 2. Aufforderung 3. Vorentscheidung 4. Vorwegnahme	1. Ausrichtung 2. Innervation 3. Zielstrebigkeit 4. Kontrolle 5. Beendigung	1. Umwendung 2. Rechtfertigung 3. Neuausrichtung

In der Vorhandlung bestimmt die Anteilnahme, ob die Handlung für mich zentrale oder nebensächliche Bedeutung hat. Ich ordne sie unreflektiert in meine Handlungsbereiche ein, denn niemand handelt im luftleeren Raum. Beispielsweise bedeutet eine Kaufhandlung für den Käufer A weniger als für den Käufer B. Bei A ist der Sektor »Kaufwelt« (seine Beschäftigung mit dem täglichen Einkaufen, der Versorgung der Familie, dem Erstehen von preisgünstigen Gütern) gegenüber den Sektoren Berufswelt, Freizeit und anderen Sektoren seiner Lebensinteressen kleiner als bei B. Das prägt auch die Einzeltätigkeit aus dem Kaufsektor.

Die Aufforderung als Teil der Vorhandlung kennzeichnet die Eindringlichkeit, mit der ich mich zum Wahlgang, zum Einkauf oder einer anderen Handlung aufgerufen fühle. Dabei kommt es vor allem auf die Eigenart des Strebens, der Motive, Ziele oder Gewohnheiten an.

Die Vorentscheidung wird psychologisch als »Minderung von Ungewißheit« verstanden. Bei Ratespielen, wie etwa auch bei der Sendung »Heiteres Beruferaten«, darf nur mit einem Ja oder Nein geantwortet werden. Aber nicht selten gibt es Alternativen, bei denen mit »Jain« (Ja und Nein) geantwortet werden müßte. Die nebenstehende Abbildung zeigt eine Versuchskurve aus einem

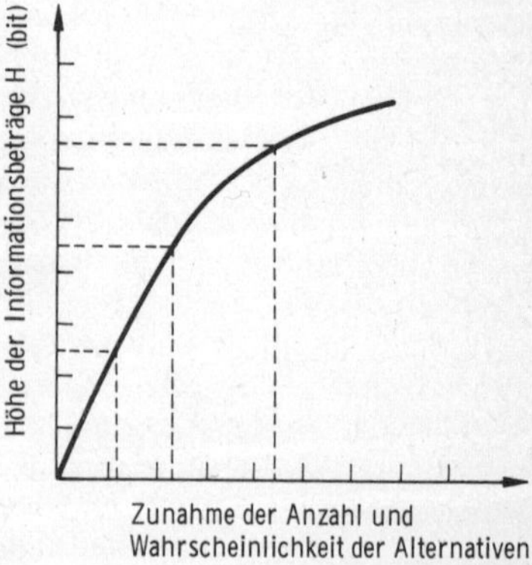

Experiment mit leichten bis schweren Entscheidungen, je nach Anzahl der Lösungsschritte, wobei die Ungewißheit bei schweren Entscheidungen gesteigert ist.
Die Vorwegnahme der Handlung wird auch Handlungsentwurf oder Tätigkeitsmodell genannt. Daß wir vor der Handlung bereits eine Vorstellung haben, wie wir die Handlung ausführen werden, wurde in der Sendefolge an einem Experiment demonstriert. Eine Serie von zehn gleichaussehenden geschlossenen Dosen sollte hochgehoben werden. Aber die Dosen waren ungleich schwer. Von der ersten bis zur siebten Dose wurden sie immer schwerer, die siebte schließlich war vollständig mit Blei gefüllt. Die achte aber war völlig leer. Zur Verblüffung der Versuchspersonen rissen sie diese zu hoch, weil sie zuviel Kraft aufgewendet hatten. An einer solchen Fehleinschätzung wird deutlich, daß vor der Handlung bereits abgeschätzt wird, wie die Handlung erfolgen soll.
Diese vier Vorstadien der Handlung (A) sind für Manipulationen viel wichtiger als die Handlung selbst (B) und ihre Nachwirkung (C), so daß wir beide hier vernachlässigen wollen. Lediglich die in Tabelle Seite 82 Abschnitt B unter Nummer 4 genannte Kontrolle ist interessant wegen ihrer sofortigen Rückmeldung des augenblicklichen Zustandes der Handlungen (positive Bestätigung oder selbstkritische Verwerfung).
Störende Selbstreflexionen behindern auch den Könner. Deshalb benötigt er von sich aus oder einem Helfer Handlungsunterstützung. Beispielsweise wird einem unsicheren Tennisspieler geholfen, wenn er nicht die Ausführung seines Schlages in Nebengedanken abschätzt, sondern sich am harten Klang des geschlagenen Tennisballes orientiert. Durch diese psychologischen Tricks kann sowohl die Konzentration als auch die Sicherheit gesteigert werden.
Für die Nachwirkung ist auch in dieser Tabelle die unter Punkt 2 in Abschnitt C genannte Rechtfertigung interessant. Der Schuhkäufer, der sich während der Handlung die Argumente der Verkäuferin sehr skeptisch angehört hat, greift diese bereitwillig auf, wenn er später seinen Kauf vor sich und anderen rechtfertigen muß. Die Verkaufsförderung stellt sich darauf ein und liefert solche Rechtfertigungen. Der Autokäufer erhält für sein Auto Bildchen von der angeblichen optimalen Windschlüpfrigkeit seines Autos. Aber es kommt dabei auf die Schnelligkeit an; ein Auto, das 180 Stundenkilometer fährt, hat eine andere Windschlüpfrigkeit als der Wagen, der gerade 50 Stundenkilometer fährt – und wann herrschen im Verkehr (ohne Kurvenfahrt) immer frontale Windverhältnisse wie im

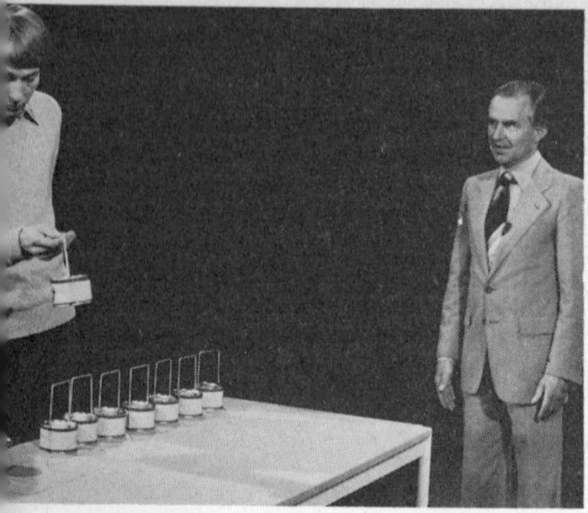

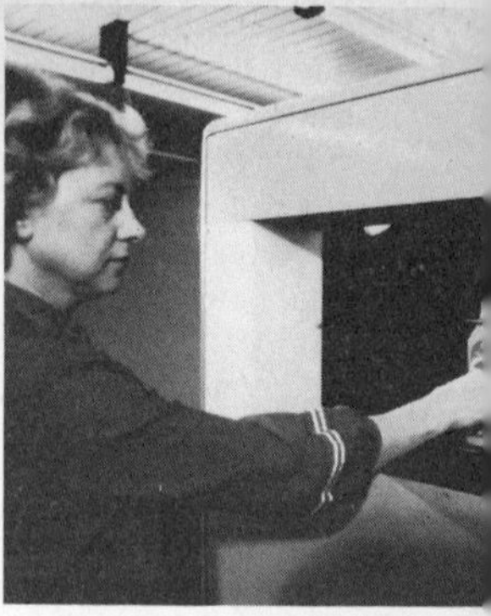

»Hoppla!« – »So hoch war nicht nötig!«
Bei diesem Versuch sollen die Dosen der Reihe nach ein wenig angehoben werden. Sieben Dosen werden immer schwerer, die achte ist leer. Sie wird hochgerissen, viel höher als die anderen.
Wenn man irgendeinen Gegenstand anheben will, dann gibt das Gehirn nicht nur den Bewegungsimpuls an die Muskeln des Armes, sondern plant auch gleich die Größe der Kraft ein, die benötigt wird. Wie groß diese Kraft ist, ergibt sich aus der Erfahrung.
In diesem Versuch wird die Erfahrung getäuscht. In der Planung, im »Handlungsentwurf«, wird der Muskulatur der Impuls für eine schwere Dose gegeben.
Vor der Handlung wird also in einem vielschichtigen Verfahren aus Motivationen, Anschauung, Erfahrung etc. die Handlung durchgeplant. Im Handlungsentwurf fallen die Entscheidungen für das Handeln. Darin liegt eine Ansatzmöglichkeit für Handlungsmanipulationen.

Wie kann man die Bedürfnisse der Leute erfahren? Sie wirken in den Handlungsentwurf hinein, und der wiederum verrät sich in spontanen Handlungen, die nicht durch lange Überlegungen »gestört« sind.
Um derartige spontane Handlungen herauszufinden, wurde die Greifbühne konstruiert. Das ist ein Gerät, auf dem für einen kurzen Augenblick zwei Gegenstände gezeigt werden, von denen man möglichst schnell einen ergreifen soll.
So kann zum Beispiel getestet werden, welche Verpackung eines Artikels wirksamer ist, welches Format vorteilhafter erscheint, welche Farben, Formen, Bezeichnungen den größten Erfolg versprechen.

Windkanal? Solche Scheinargumente dienen lediglich zur Beruhigung von Gewissensbissen oder ähnlichen Selbsttäuschungen.
Der erfahrene Beeinflusser von Handlungen benötigt die *hintergründigen* Handlungsanlässe. Wie erfährt man sie? In der Vorphase der Handlung sind sie unreflektiert vorhanden. Deshalb wurden Versuchsanordnungen konstruiert, die die ratio-

nal unverstellte Handlung in ihrem Wirkungsweg zurückverfolgen. An den Schnellgreifbühnen kann die Versuchsperson nicht überlegen, weshalb sie die Packung A der Packung B vorzieht. »Greifen Sie nun die teurere Bonbonniere«, und der Versuchsleiter weiß nach genügend vielen Versuchsdurchführungen, welche Packung teurer *aussieht*, ohne mehr in der Herstellung zu kosten. – »Nennen Sie, was Sie sehen.« Im Elektronentachistoskop hat die Versuchsperson die Reklame in $^1/_{500}$ Sekunde der Darbietung nicht erkennen können. Sie hat nur eine schemenhafte Anmutung: »Da war eine Reihe von Särgen.« Nun weiß man, warum so viele Leute von einer Werbung für Schokolade, die die Schokoladentafel in schräger Sicht zeigte, abgestoßen wurden, ohne sagen zu können, warum das so war. In unseren Handlungen stecken viele Untiefen, die von anderen ausgenutzt werden. Wenn man diese Manipulationstricks kennt, wird man sich nicht mehr so leicht verführen lassen.

Aus der kriminellen Handlungstrickkiste nennen wir einige ältere und neuere Beispiele. Ein uralter Trick: Ein Mann bespritzt unbemerkt eine sichtlich wohlhabende Dame mit einer leicht zu entfernenden Flüssigkeit und erbietet sich nachher, gegen ein entsprechendes Trinkgeld bei der Reinigung behilflich zu sein. Dieser relativ harmlose Trick läßt sich unter Beibehaltung des Prinzips enorm steigern, z. B. wenn man einen Schaden (etwa einen Umweltschaden) herbeiführt, um ihn dann gewinnbringend zu beseitigen. Ein anderer alter Trick, den man den falschen Irrtum nennen kann, läßt sich ebenfalls ausbauen. Die sogenannten Kistenfahrer liefern in einer Spedition kurz vor Feierabend eine Reihe wertloser Kisten ab. In einer davon sitzt ein Komplize, der in der Nacht heraussteigt, die Schilder der eigenen wertlosen Kisten mit denen von wertvollen vertauscht und wieder in seine Kiste steigt. Am nächsten Morgen erscheinen dann seine Komplizen und holen die angeblich versehentlich falsch gelieferten (wertvollen) Kisten ab. Nach diesem Muster, in der entsprechenden Abwandlung, soll kürzlich ein Millionenraub bei einer Luftfahrtgesellschaft (fast) geglückt sein. Ein Trick aus dem reichlichen Angebot der Wirtschaftsmanipulation: Bei einer Auktion wird der Preis von einer mäßigen Lithographie von zwei Komplizen in astronomische Höhen getrieben. Vorher hatte eine verschworene Gruppe von Steuerkünstlern 100 Lithographien dieses unbedeutenden Graphikers heimlich aufgekauft. Diesen »Schatz« schenken sie nun mit der Preismaßgabe der einen hochgetriebenen Auktionslithographie verschiedenen Museen, so daß sie dafür Millionenwerte von ihrer Steuer absetzen können: für einen einmaligen kleinen Einsatz bei der abgekarteten Auktion.

Handlungstricks gehen von der Tatsache aus, daß man Handlungen nicht immer durchschauen kann. Man läßt sie also in einem anderen als dem echten Licht erscheinen, um hinterhältig seine Zwecke zu verfolgen. Manchmal geschieht das auch unbewußt und ohne gewinnversprechende Absicht. Unfreiwillige Handlungsverwirrer fangen sich in ihren eigenen Netzen. Was an verwirrten Handlungen entsteht, hat ein Witzbold in acht Stadien der Reformkonfusion zusammengefaßt: 1. Kolossale Erwartungen – 2. Widerstreitende Ziele – 3. Ernüchterung aller Beteiligten – 4. Suche nach dem Schuldigen – 5. Feindseligkeit gegen die Unschuldigen – 6. Lob für die Unbeteiligten – 7. Vernichtung aller noch brauchbaren Unterlagen – (Pause) – 8. Neuentdeckung des Problems und Beginn mit 1.

Herstellung eines Image

Diese Strichgesichter sehen gutmütig, freundlich, streng oder böse aus. Aber können diese wenigen Striche böse oder freundlich sein?

Bestimmte Gestaltungen verbinden wir aus psychologischen Gründen mit bestimmten Eindrücken.

Eines der beiden Zeichen heißt *Maluma*, das andere *Takete*. Welches? Die Entscheidung ist nicht schwer. 96% der Bundesbevölkerung sollen sich für links Takete und rechts Maluma entscheiden. Obgleich Figuren und Wörter sinnlos sind, haben sie doch eine Bedeutung, die man in diesem Fall sogar aufeinander beziehen kann.

Diese Attrappenversuche sind für die Aufdeckung von Mani-

pulationen wichtig, denn in vielen Fällen sollen wir über die bloßen Eindrücke hinaus von einem tatsächlichen Vorhandensein der Eigenschaften überzeugt werden.
Den neuen Generaldirektor eines Großunternehmens können alle seine Untergebenen oder die sonstigen Abhängigen des Unternehmens nicht kennenlernen. Aber für ihre Gutwilligkeit ist es wichtig, daß sie von ihm einen guten Eindruck haben. Diesen Eindruck überläßt man in vielen Unternehmen nicht dem Zufall. Auch Politikern und anderen Repräsentanten verschafft man ein künstliches Image, also einen allgemeinen Eindruck von ihrer Persönlichkeit in der Öffentlichkeit. Es ist dies ein Spezialgebiet der sogenannten *P.-R.-Berater* (Public-Relations-Berater oder Öffentlichkeitsarbeiter).

Die manipulatorischen Techniken dieser Herstellung eines solchen Image liegen in der *Verkürzung* von Persönlichkeitsmerkmalen. Statt den Menschen so sein zu lassen, wie er wirklich charakterlich beschaffen ist, sollen einige immer wiederkehrende Persönlichkeitssignale ausgesandt werden. Meist besitzt der Imageträger die dazu gehörenden Persönlichkeitswerte nicht, aber darauf kommt es in der Manipulation nicht an. Der Manipulateur weiß aus Erfahrung oder Untersuchung, was »das Volk« oder »die Masse« von einem Bundeskanzler, einem Generaldirektor, Intendanten, Parteiredner oder sonstigen »Volksbegeisterern« erwartet, und dafür werden die Signale aufbereitet. Meistens bestehen sie aus einem Ensemble von Merkmalen, die aus *vier* Bereichen stammen.

Da sind zunächst 1. die *Attribute* zu nennen. Eine Tabakspfeife signalisiert Männlichkeit. Braucht man dagegen den Eindruck der Intelligenz und Schläue (weil der eigene Anführer nicht den Eindruck hinterlassen darf, er würde sich bei Verhandlungen von anderen reinlegen lassen), versteckt man sein Gesicht hinter einer größeren Brille. Zur väterlichen Beschützerrolle gehört die Behäbigkeit der dicken Zigarre. Ludwig Erhard, der Vater des Wirtschaftswunders, verkörperte diese Vaterrolle, was ihm später als Bundeskanzler, der andere Attribute braucht, geschadet hat.

Schon nicht mehr ganz so äußerlich sind 2. *Haltung, Gestik* und *Körpersprache.* Die Kämpferrolle des Redners signalisiert die hin- und herbewegte Faust. Zur vertrauenserweckenden Rolle gehört das freundliche Nicken, die herzliche Geste, die dargereichte Hand und vor allem die sonore Stimme. Die Expertenrolle dagegen fordert distanzierende Signale: in sich gekehrte Körperhaltung, leise Stimme, den Griff nach der Brille, die gläserne Wand halb unverständlicher Diktion und die Zitate von zitierungsfähigen Übermenschen.

Am leichtesten manipulierbar ist 3. das *Aussehen.* Der Friseur, der Schneider und der Kosmetiker bieten an, was gewünscht wird: nicht nur Haartracht, Kleidung und Gepflegtheit, sondern Hoheit oder Kameradschaftlichkeit, Männlichkeit oder Vertrauen, Hilfsbereitschaft oder Finesse. Was kann alles in eine Haarlocke gelegt werden, wenn sich der Träger entschließen sollte, sie immer nach dem Rezept des Manipulateurs zu tragen!

Dieser dritte Aspekt läßt sich erweitern. Neben den verkürzten Formen, wie den weichen Maluma-Rundungen oder den zackigen Takete-Ecken, lassen sich vergröberte Farbwerte als Imagesignale verwenden. Büro, Fahrzeug, Wohnung, Kleidung, Hintergrund zum Beispiel dienen dabei als mehr oder weniger verdeckte Farbträger. Vornehmes Grau, edles Olivgrün, blaue oder gelbliche Ferne, erregendes Rot spielen die Rolle der Steigerung persönlicher Aussagetendenzen.

Und nun noch 4. die *sprachlichen Signale.* Die Großen dieser

Erde haben nicht nur Ghostwriter, die ihnen die Texte für ihre Reden, Aufrufe oder Bücher schreiben. Zunehmend halten sie sich Trainer, die die Kundgabe in ihren Signalen berechnen. Die Rede eines Kanzlers, Generals oder Unternehmers muß würdevoll einherschreiten. Dagegen ist als Wahlredner oder in Tarifschlachten die abgehackte Sprache gefordert, die den Eindruck erweckt, mit dem Redner ist nicht gut Kirschen essen.

Der Imagemanipulateur kennt eine psychologische Gesetzmäßigkeit, die uns allen schaden kann. Der Mensch nimmt nicht nur ein Wahrnehmungsangebot auf, er hat zunächst *Erwartungen.* Sein eigentliches Urteil fällt er in erster Linie nach der Übereinstimmung dieser seiner Erwartungen mit dem Angebot. Also kann man sein Urteil bestimmen, indem man scheinbar seine Erwartungen erfüllt, ohne aber den Erwartungen entsprechen zu wollen. Der Manipulateur geht davon aus, daß die Welt betrogen werden will. Darauf sollten wir antworten: Deshalb entlarvt die Betrüger. Denn die Welt will nur so lange betrogen werden, wie sie nicht weiß, daß sie betrogen wird, oder den Betrug nicht zu durchschauen vermag.

Manipulateure im Dienst

Manipulation der Eindrücke geschieht – wie wir gesehen haben – über attrappenartige Signale. Die Manipulation der Information dagegen erfolgt durch ihre *Verpackung* (falls die Information nicht selbst verdreht wird).

Nach der theoretischen Definition können wir formulieren: Informationen sind diejenigen Meldungen an Veränderungen der In- und Umwelt, die das Ausmaß der für Entscheidungen nötigen Gewißheit erhöhen.

So aber werden Mitteilungen weder gewünscht noch anschaulich begriffen. Sie müssen nahegebracht werden. Der eigentliche Erfolg wäre ein »Aha-Erlebnis«. Karl Bühler, ein namhafter Wiener Psychologe der dreißiger Jahre, verstand darunter den freudigen Zustand, wenn wir etwas begriffen haben, und zwar so, daß wir plötzlich einen *Durchblick* (englisch: flash = Blitz) erleben, der uns eine eigene neue Weltsicht beschert. Wie wir beim allmählichen Besteigen eines Berges immer weitere Flächen überschauen, schenkt uns das »Aha« immer größere eigenständige Erkenntnisse. Nun ist es leider so, daß es wenig genug Menschen gibt, die geistige Berge besteigen wollen. Sehr viele dagegen haben sich in ihrem geistigen Besitztum eingerichtet und verlassen es nur ungern. Besonders sogenannte Geistesschaffende bevorzugen es, sich von jemand bestätigen zu lassen, was sie bereits wußten, als daß sie sich Neues vermitteln lassen, das sie zur Beseitigung alter Gewißheiten zwingt. Paradoxerweise hatten also die großen Neuerer, wie beispielsweise Darwin, bei ihren zeitgenössischen Fachkollegen kaum eine Chance.

Hinzu kommt noch ein Weiteres. Was man leicht versteht, ästimiert man weniger. Das halb Unverständliche wird eher bewundert. Von Levin-Schücking stammt der Hinweis, man solle bei Vorträgen den ersten Teil allgemeinverständlich, den zweiten Teil nur für Fachkollegen verständlich und den dritten Teil vollkommen unverständlich bringen, dann habe man Erfolg.

Das ist Brandmarkung reinster Manipulation, aber es ist kein falscher Satz. Man sollte statt dessen allen den Rücken stärken, die es sich nicht verdrießen lassen, die Verachtung der Manipulierbaren zu ertragen. Manipulierbar sind Informationen nicht nur durch Unverständlichkeit mit Hilfe von Latein, Zahlenspielen, Definitionschinesisch und Fußnoten. Manipulierbar sind Informationen auch durch das Bumerangprinzip.

In der Fernsehreihe sollte gezeigt werden, was geschähe, wenn Fernsehnachrichten nach dem Bumerangprinzip »bearbeitet« würden. Dafür wurde eine freie Diskussion von Schauspielern aufgezeichnet, die eine Redaktionskonferenz einer fiktiven Fernsehstation TV 5 spielten. Einige Zitate daraus.

A: Welche Werbespots haben wir heute?

B: Einen über Kaffee X und einen über Waschmittel Y, einen über Autoreifen, und dann noch, aber nicht unbedingt für diese Sendung, einen über Zahnpasta, Strumpfhosen, Zahnprothesenreiniger und desodorierende Kosmetikseife.

A: Welche Meldungen liegen vor?

C: Politisch ist nichts, was wir nicht seit gestern schon wissen: Ministerbesuch in Paris, Fortsetzung der Konferenz in Genf. Ein nichtssagendes Communiqué vom Wirtschaftstreffen, Spannungen in Nahost und dann die Sache in Südafrika.

A: Also so zwischendurch.

D: Aber die Geschichte in Paris ist ungeheuer wichtig.

A: Wichtig für wen?

D: Durch die Zusagen sind die Beziehungen in ein völlig neues Stadium getreten.

Zeitungen müssen verkauft werden, kommerzielle Rundfunk- und Fernsehanstalten müssen hohe Einschaltzahlen erreichen.
Das gelingt um so leichter, je mehr sie den Bedürfnissen der Leute entgegenkommen. So geraten die Informationsmedien unter das Gesetz des Bumerangprinzips: Information nicht nach Wichtigkeit und Sachlichkeit, sondern nach Verkaufserfolg, das heißt nach Bedürfnissen, Gefühlen, Träumen und Wünschen der Leute.
Zu welch grotesken geistigen Purzelbäumen das führt, wird in einer fiktiven Redaktionskonferenz durchgespielt, die für den Fernsehkanal TV 5 eine Nachrichtensendung zusammenstellt.
Es gibt neueste Untersuchungen über die Nachrichtensendungen kommerzieller Sender in Amerika, die derartige Nachrichtenmanipulationen bis ins Detail Punkt für Punkt bestätigen!

Die Nachrichtensendung, die dann auf dem Bildschirm erscheint, braucht äußerlich gar nicht anders auszusehen als gewöhnlich. Man durchschaut die Manipulation erst, wenn man genau hinhört, wenn man mit anderen Medien vergleichen kann und somit etwas Überblick über die Ereignisse des Tages hat; wenn man sich fragt, wie wichtig die Meldungen sind und andererseits die »menschlichen Schwächen« der Leute kennt, die von den Manipulateuren ausgenutzt werden.

A: Wer kapiert das schon!
D: Das müssen wir eben klarmachen!
A: Also gut, schreiben Sie zwei Sätze, die kriegen wir irgendwo dazwischen, aber nicht mehr als 20 Sek.
D: So kurz geht das nicht.
A: Länger hört Ihnen sowieso keiner zu.
D: Aber man muß es doch wenigstens herausstellen.
A: Also bitte, erste Stelle ist besetzt, letzte auch. Und Waschmittel Y ist ein wichtiger Kunde. Ich bitte, diese Bedingungen zu bedenken. 30 Sek. zwischendurch. Mehr nicht. Welche Meldungen passen zu Waschmitteln?

C: Hier ist was über Rheinverschmutzung.
B: Um Gottes willen doch nichts über Schmutz, was Sauberes!
C: Rheinverschmutzung ist aber zurückgegangen!
A: Rhein gilt allgemein als Dreckwasser. Das dauert 10 Jahre, bis Zuschauer merken, daß der Rhein besser geworden ist.
B: Irgendwas Weißes, Frisches.
C: Segeln.
A: Vielleicht.
C: Tennis?
A: Das ist besser...
B: Nein, es muß was über Ärzte sein.
A: Tennis ist doch gut, junge Leute, schöne Mädchen, Urlaubsstimmung, elegante Welt, Wimbledon.
B: Im Augenblick sind Ärzte besser, die ganze Diskussion der letzten Wochen, Hygiene, Schutz vor Krankheiten, Vertrauen, ein schöner Arzt mit Goldbrille, seriös. Und Eleganz, Geld, Repräsentation, Jugend haben sie da auch, nehmen sie 'ne schöne Krankenschwester oder Sprechstundenhilfe.
D: Unmögliche Diskussion, wollen Sie den Zuschauern ein Paradies vorgaukeln oder...?
A: Also Arztstory! Was liegt vor?
C: Nix.
B: Da war doch vor ein paar Tagen was!
C: Ärztekongreß, Vorsitzender abgewählt.
A: Unbrauchbar.
C: Da hat in Amerika irgendeiner irgendso ein Enzym entdeckt.
B: Da muß sich was draus machen lassen.
D: Das dauert doch mindestens 10 Jahre, bis das für die Medizin verwertbar ist.
B: Das könnte doch auch mal zufällig kürzer sein.
D: Aber sehr sehr unwahrscheinlich!
B: Immerhin ist es vertretbar, zu sagen: Vielleicht schon in zwei Jahren. Das gibt Hoffnung, und die hilft immer.
A: Und dann mit Krebs in Verbindung bringen...
D: Jetzt wird's kriminell!
A: Sie Gewissensmensch! – o. k., würde ja auch Ärger geben! Mir gefiele ohnehin viel besser eine »Love Story«: Chefarzt heiratet durch Operation gelähmte Patientin!
C: Über so etwas berichtet aber keine Agentur!
A: Da müssen wir halt selber etwas finden. Sie wußten da doch neulich eine Story...
B: Ja, meine Tante hat einen Fall erzählt. Aber das war kein Chefarzt, nur Stationsarzt...

A: Na und? Chef auf seiner Station! Also Chefarzt! Außerdem wird der sicher noch Chef, vielleicht ist er's schon.

B: Aber sie ist nicht gelähmt, nur komplizierter Beinbruch beim Skilauf, vier Monate Gips.

A: Also vier Monate gelähmt!

C: Und dann Bilder im Rollstuhl!

B: Geht nicht, Knie ist eingegipst.

C: Nehmen wir eben einen Rollstuhl, bei dem man das Bein hochlegen kann.

D: Wahrscheinlich kriegt sie demnächst sogar sowieso einen Unterschenkelverband!

B: Aber sie ist doch gar nicht operiert worden.

C: War doch ein komplizierter Bruch. Da wird immer dran rumoperiert. Außerdem richtig eingipsen ist auch eine Operation im weiteren Sinne.

B: Aber die war gar nicht seine Patientin, die hat in Innsbruck gelegen.

A: Wieso? Patientin doch in jedem Fall! Unterschenkelbruch! Und irgendwann in der Nachsorge oder so wird er sich schon um sie gekümmert haben. Was wollen Sie mehr: Seine Patientin?!

B: Aber der hat sie gar nicht geheiratet. Er hat ihr nur gesagt, wenn er mitgefahren wäre, hätte er auf sie aufgepaßt, daß sie so eine schwierige Abfahrt nicht riskiert.

A: Na also, nächsten Skiurlaub fahren sie zusammen.

C: Und wenn sie ins Hotel wollen, müssen sie sich sowieso als Ehepaar eintragen, sonst kriegen die gar kein Zimmer.

D: Kriegt ihr Provision vom Standesamt? Oder vom Scheidungsrichter?

A: Schluß jetzt mit der Haarspalterei. Sie machen die Story: Es ist alles hinreichend begründet:
1. Chefarzt, 2. heiratet, 3. seine 4. nach Operation 5. gelähmte 6. Patientin.
Schöne Bildchen!

C: Wo soll ich die denn herkriegen?

A: Sie haben doch selbst den Vorschlag gemacht!

C: Aber die Entfernung hin und zurück, das schaffe ich ja gar nicht.

A: Sie werden doch wohl hier in der Stadt ein Mädchen finden, das sich für 20 Mark mal eben in den Rollstuhl setzt.

C: Und der Arzt?

A: Umständlich seid Ihr! Gebt mir einen weißen Kittel, dann spiel ich den selber!

Und Sie rufen sofort Ihre Tante an und lassen sie ordentlich reden!

D: Aber das hat doch mit Berichterstattung überhaupt nichts mehr zu tun.
Da stimmt doch nichts mehr.

A: Die Story ist so belanglos, daß es egal ist, ob sie passiert ist oder nicht. Wir schädigen doch niemand!

D: Aber es ist nun mal nicht passiert.

C: Wenn wir lange genug suchen würden, fänden wir bestimmt irgendwo eine genau passende Story. Wir suchen halt so lange, bis wir sie gefunden haben. Und wenn wir ohnehin wissen, daß es so etwas gibt, können wir uns auch die Arbeit sparen, herauszubringen wo.

A: Natürlich kann man das mit anderen Dingen nicht machen, die irgendwelche menschliche oder praktische Konsequenzen haben. Da muß die Meldung nachprüfbar bleiben.

D: Und wenn man den Ort nennt? Das gibt doch einen Riesenkrach!

A: Quatsch! Wie heißt das Kaff?

B: Oberingen.

A: Nennen wirs Ubelingen. Wenn die Oberinger kommen, sagen wir, das seid ihr doch gar nicht, wenn sonst einer kommt, sagen wir: Tippfehler, hat ein Chinese geschrieben!

D: Und ich bin dann der Chinese. Jeder vierte Mensch ist ein Chinese.

Das Verblüffendste an diesem Spiel war das Endergebnis. Die Nachrichten, gesprochen von einem bekannten Nachrichtensprecher, wirkten so unverdächtig, daß mehrfach auf das Fiktive dieses Spiels hingewiesen werden mußte.

Der sogenannte Mentizid

Wörtlich übersetzt heißt Mentizid Geistesmord. Ein anderes bekanntes Wort dafür ist Brainwashing (Gehirnwäsche). Nüchtern und untertreibend könnten wir von »Wiederholungszwang« sprechen. Der Grundsatz lautet: Wenn etwas nur genügend oft wiederholt wird, kann sich dem niemand entziehen.
Dieser Grundsatz stimmt zwar, aber es kommt dabei auf die Eigenart der Wiederholungen an. Manche Wiederholung stößt

ab, übersättigt und führt eher zum Vergessen. Die Wirkungskurve der Wiederholung verläuft nicht geradlinig. Wirkungsvoller sind einerseits die leisen Wiederholungen, andererseits auch die lauten, wenn sie unter ausschließenden, für den Betroffenen ungünstigen Bedingungen erfolgen. Bringen wir gleich das extremste Beispiel. In den dreißiger Jahren ließ Stalin seine Gegner systematisch umbringen. Besonders betroffen waren seine engeren Führungskader, die ihm die Führung hätten streitig machen können. Die Betroffenen wurden nicht nur gefoltert, sondern auch einem *Conveyer*, einem großen »Fließband-Verhör«, unterworfen, das nicht viele überlebt haben. Einer der wenigen war der österreichische Physiker Weißberg-Cybulski, der sich durch eine bestimmte Abwehrmischung aus Nachgiebigkeit, scheinbarer Unzurechnungsfähigkeit und Widerruf, vielleicht auch durch zufällige Entscheidungen, die es in allen diesen Prozessen gab, der Verurteilung entziehen konnte. Wenn man über Manipulation spricht, sollte man das Thema Mentizid in seiner Bedeutung nicht unterschätzen. Deshalb ein etwas längerer Auszug aus der Beschreibung des ehemaligen Häftlings, der in der Zeitschrift »Der Monat«, Heft 35, August 1951, erschien:

»... Was jetzt folgte, hatte ich in meiner ganzen Untersuchungsgeschichte noch nicht erlebt. Resnikow (der Untersuchungsrichter) schrie unaufhörlich dieselben Sätze. Ich antwortete anfangs immer dasselbe, später schwieg ich. Das ging so vier Stunden lang. Ich dachte, er müßte nun bald zusammenbrechen, aber er hatte eine kräftige Stimme. Nach vier Stunden war Resnikow erschöpft. Er stand auf, und ich freute mich bereits auf den Abbruch des Verhörs ... doch ich hatte die Rechnung ohne den Wirt gemacht. ›Ich habe jetzt keine Zeit mehr für dich. Genosse Weißbrand wird die Untersuchung fortsetzen.‹ Weißbrand war einer der Vertreter Resnikows ... Das Verhör schleppte sich bis zum Einbruch der Nacht. Ich war unendlich müde. Ich dachte, jetzt müssen sie bald aufhören und mich ›nach Hause‹ schicken. Es kam anders. Um 10 Uhr nachts übergab Weißbrand das Verhör Schalit ... Schalit haßte die Gefangenen, weil sie ihm Widerstand leisteten, weil sie nicht bereit waren, sofort zu schreiben, was er von ihnen brauchte. Jedes ›positive‹ Protokoll, das er durchgesetzt hatte, war für ihn eine Trophäe, mit der er sofort zum Abteilungschef lief ... Schalit konnte sechs Stunden lang denselben Satz mit Donnerstimme wiederholen, ohne müde zu werden und ohne die geringste Variante hineinzubringen. Mir schrie er stundenlang alle zwei Minuten folgenden Satz entgegen: ›Erzählen Sie von der konterrevolutionären, trotzkistisch-faschistischen, terroristischen Diversions- und Spionageorganisation, die Sie auf dem Territorium der Sowjetunion geschaffen haben.‹ Ich versuchte, in meinen Antworten zu variieren, um ihn zu zwingen, diesen Satz, dessen stundenlange Wiederholung mich an den Rand des Wahnsinns brachte, ein wenig zu verändern. Es gelang mir nicht. Er wiederholte ihn Hunderte und Tausende mal im selben Tonfall, mit denselben Gebärden, in derselben Lautstärke. In der zweiten Nacht hämmerte Schalit wieder pausenlos auf mich ein. Es war für ihn ein Rekord. Ich versuchte gar nicht mehr, ihn zu unterbrechen. Meine Augen brannten, ich hatte immer das Gefühl, mein Kopf müßte zerspringen ... Als Weißbrand ihn um 8 Uhr früh ablöste, war ich der Ohnmacht nahe ... Vom vierten Tag ab durfte ich das Zimmer des Untersuchungsrichters nicht mehr verlassen, man brachte mir das Essen herauf. So verlor ich auch die letzten 10 Minuten Erholung ... Am folgenden Tag überfiel mich eine unheimliche Schläfrigkeit. Ich versuchte mit halboffenen Augen trotz des Lärms zu schlafen. Aber die Untersuchungsrichter merkten es sofort daran, daß mein Kopf auf die Brust sank. Sie kamen und stießen mich hoch. Ich wurde sehr schwach. Manchmal glaubte ich, mich auf dem Sessel nicht mehr halten zu können ... Schalit begann wieder zu schreien. Seine Worte trafen nur halb mein Gehirn. Ich verlor fast die Besinnung und sah Schalit nur in undeutlichen Konturen. Der Druck auf mein Gehirn verstärkte sich immer mehr ... Es war die Mitternacht des siebenten Tages meines Verhörs. Ich hatte ausgekämpft. Die Kapitulation kam und das ›Geständnis‹.«

Die Gehirnwäsche ist die intensivste mentale Manipulation. Geringere, schwächere Formen finden wir überall: als ständige Werbewiederholungen, als beständige Gerüchte, als intrigenhafte alte Leier von Verdächtigungen, als Wiederkehr von Litaneien, als Refrain und Kehrreim, als rhythmische Reihenfolge, als suggestiver Marschtritt, als Mehrmaligkeit von Behauptungen, als Erneuerung alter Vorurteile oder als stures Einüben regelmäßiger Wiederholungen.
Warum können wir uns der Einschleifung so schwer entziehen? – Die Antwort gibt die psychophysiologische Lerntheorie. Unser gesamtes Nervensystem als Instrument unserer psychischen Leistung vermag nur zu behalten, was in den Nervenwegen gebahnt wurde, und diese Bahnung geschieht durch Konditionierung oder wiederholten Gebrauch der eingesetzten

Reize. Es ist also ein neuronales Grundgesetz, dem die Einschleifungen gehorchen. Deshalb sprechen wir von *Zwang*. Wir werden manipulatorisch gezwungen, weil sich der Manipulateur der Gesetze der Wiederholung in der richtig verwendeten Form bedient. Wer sich dieser Manipulation entziehen will, kann das *nach* der manipulativen Einflußnahme schlecht, er sollte sich *vorher* den Wiederholungszwang vergegenwärtigen und sich ihm zu entziehen trachten.

Moralbonus und Manipulation

Das Thema des gesamten Kapitels lautet »An der Nase herumgeführt«. Wir untersuchen darin die Überrumpelung der Menschen durch verschiedenartige Techniken. Wir kommen nun zu einer schwer beschreibbaren, fast heimlichen, jedenfalls kaum beschriebenen Technik. Am einfachsten läßt sie sich am Zeichentrickfilm erläutern.

In einem Zeichentrickfilm wird ein Männchen mit einem Holzhammer in den Straßenasphalt hineingeschlagen, ein Lastauto fährt es flach. Es erleidet noch mehrere bestialische Tode, steht wieder auf und wird von einem Ungeheuer aufgefressen.

Warum werden solche Gräßlichkeiten belacht? Der Trickfilm ist reinste Komik, niemand nimmt ihn ernst. Und als komisches Sujet braucht er Übertreibung. Die stärkste »Übertreibung« ist eben Tod, Mord oder die lebensgefährliche Katastrophe. Wenn diese verfremdet, das heißt ihrer realen Merkmale entkleidet werden, nimmt man sie nicht ernst: Sie werden im Hinblick auf die komische Wirkung bedeutungslos.

Der psychische Mechanismus besagt, daß alles auf den moralischen Blickwinkel ankommt. So konnte das hochgebildete Volk der griechischen Antike billigen, daß unerwünschte Säuglinge zum qualvollen Tod irgendwo abgelegt wurden. Aus dem gleichen moralischen Blickwinkel war es im alten Rom zwar aufregend, aber nicht verwerflich, die ersten Christen im Rahmen einer Zirkusvorstellung den Tieren zum Fraß vorzuwerfen. Die Christen töteten ihrerseits unbesehen die ketzerischen Katharer und ihre christliche Umgebung unter der Bemerkung ihres Bischofs: »Gott wird die Seinen schon herausfinden.« Nicht nur Naziärzte fanden die Tötung »lebensunwerten Lebens« opportun. Heute vollstrecken geistesgestörte Terroristen reihenweise Todesstrafen eigener Wahl, und die Menge

gewöhnt sich in Anpassung an diese Geisteshaltung, deren Erschießen wieder mit Vergnügen zu betrachten.
Der moralische Blickwinkel kann so schief eingenommen werden, daß er keinen Blick auf Moral mehr freigibt. Aber es wäre ein Irrtum zu glauben, dies gelte nur für die »Ehrfurcht vor dem Leben«, wie sie Albert Schweitzer formulierte. Der Ab- und Aufbaumechanismus moralischer Blickwinkel gilt ebenso in kleinsten Dingen. Beispielsweise mußten die Meinungsbefrager der fünfziger Jahre von ihren Daten zur Wahlprognose einen CDU-Bonus von ungefähr zwei Prozent abziehen, weil sich erfahrungsgemäß mehr Wahlberechtigte zur CDU bekannten, als sie tatsächlich wählten. In den sechziger und siebziger Jahren verlagerte sich der moralische Blickwinkel zur SPD, wodurch die Meinungsbefrager wiederum von den Ergebnissen für die SPD zwei Prozent abziehen mußten. Heute vollzieht sich hier ein allmählicher Wandlungsprozeß.
Solche Kuriosität hat tiefere Bedeutung. Bei dieser Moral handelt es sich weder um Zivilcourage, die auch Nachteile in Kauf nimmt, noch um den Seltenheitswert ethischer Entscheidung, sondern um billige Moral, die nicht einklagbar ist. Sobald die allgemeine Wertschätzung sich dreht, verschiebt sich der moralische Blickwinkel. Daraus folgt, daß die billige Moral manipulierbar ist.
Drei Manipulierungsverfahren können dabei beobachtet werden. Zunächst muß die alte Moral aufgeweicht werden: »Ist es denn so schlimm, wenn...?« Technisch gesehen dient der Aufweichung die fiktive Entrealisation (deshalb auch das Beispiel des Zeichentrickfilms), weil man im *Ungenauen* und *Unpersönlichen* leichter moralische Restbedenken ignorieren kann. – Zweitens folgt die persönliche Intrige der moralischen Entwertung des Gegners. Dabei wirken die versteckten moralischen Verdächtigungen stärker als die handfesten juristischen Beschuldigungen. – Drittens klopfen sich die Scheinmoralisten gegenseitig auf die Schulter, indem sie demonstrieren, daß sie doch viel ehrenhafter seien als die anderen.
Am einleitenden Dosenexperiment konnte gezeigt werden, daß wir bei Handlungen vorher abschätzen, wieviel Kraft wir einsetzen. Im Stadium dieser Handlungsentwürfe wirkt auch die moralische Besetzung als Handlungsregulativ. Insofern gilt: Über Moralmanipulation kann Handlung »ver-rückt« werden.

Planmäßige Selbstbestimmung

Auf dem halben Weg wollen wir eine Zwischenbilanz zu unserer Hauptfrage, wie man der Manipulation entkommt, ziehen. Erinnern wir uns des Manipulationsdreiecks:

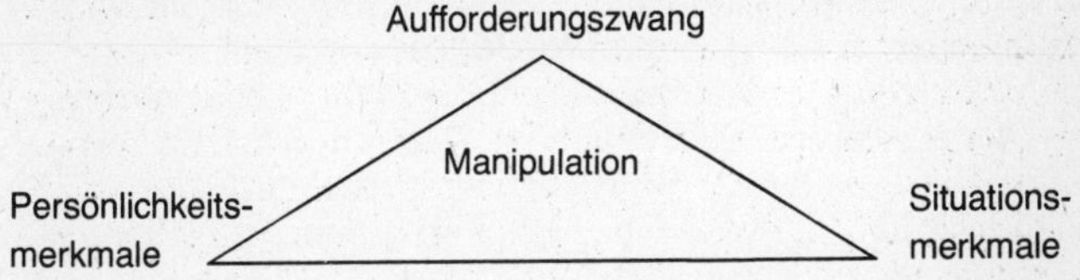

Der Schwerpunkt unserer Erörterungen liegt vorerst noch bei der Bestimmung der Persönlichkeitsmerkmale, erst später soll auch auf die Änderung der Situationsmerkmale eingegangen werden. Für die Möglichkeiten, sich gegenüber Manipulation zu immunisieren, hatten wir in den Kapiteln »Schutz gegen Manipulation« und »Mittel dawider« die Bedeutung der Kenntnisse über Manipulationen und die »stille Abwehr« über genaue Beobachtung, vorsichtige Prüfung und Vorbeugung gegen unlautere Absichten besprochen. Es folgt nun die Auslegung eines wesentlichen Ansatzes, den die Psychologie der letzten Jahrzehnte erarbeitet hat: das Selbstbehauptungstraining.

In erster Linie geschaffen als Mittel gegen akute Störungen der sozialen Integration, dient dieses Training in abgewandelter Form auch als Denkansatz für die vorbeugende Ermutigung, sich nicht durch Manipulateure unterjochen zu lassen. Zur planmäßigen Selbstbestimmung gegen Manipulation (vorläufig nur auf seiten der Persönlichkeitsmerkmale) gehört zweierlei: *Selbsterkenntnis* und *Zivilcourage.*

Zur Selbsterkenntnis. Manipulation ist zum großen Teil *Selbst*manipulation. Der Manipulateur erkennt unsere Schwächen und nutzt sie unmerklich aus. Deshalb ist schon viel gewonnen, wenn wir unsere Schwächen kennen und beseitigen. Allerdings ist das leichter gesagt als getan. Dazu drei Einzelschritte:

a) Die Menschen haben sehr verschiedene Bilder von sich selbst. Der eine sieht sich als Mittelpunkt des Universums, der andere als eine Art Staubkorn. Weder das eine noch das andere ist gut. Niemand ist unbedeutend, und keiner ist unfehlbar. Dieses ausgewogene, angemessene, gleichsam unbefangen-maßstabsgetreue Verhältnis zu sich selbst zu gewinnen, bildet das Zentrum psychologischer Beratungsbemühungen bei Konflikten mit sich und der Umwelt.

b) Jeder Mensch hat seine Ablöseproblematik gegenüber den Erziehungsberechtigten hinter oder noch nicht hinter sich. Der aufrechte Gang muß nicht nur körperlich gelernt werden. Allmählich und Schritt für Schritt wird das Kind wohnungs-, straßen-, gemeindegeübt, so wie wir auch noch gelegentlich auslandsgeübt werden müssen. Zerrbilder mißglückter Ablösung sind die Beziehungskonflikte, die sich sachlich um nichts drehen und trotzdem vehement durchkämpft werden. Man muß lernen, zu sich *selbst* zu kommen, will man die nötige Selbstachtung gewinnen.
c) Schulung der Kritikfähigkeit. Wenn wir Kritik üben, so geschieht dies nicht allein gegenüber dem kritisierten Subjekt oder Objekt, auch ist Kritik keine reine Projektion, das heißt letztlich Selbstkritik, sondern die Kritik geschieht immer auf der Basis der *Beziehung* von A (dem kritisierten Gegenstand) auf B (unseren projizierten Erwartungen gegenüber dem Gegenstand). Kritik ist also vorwiegend C: das Verhältnis zwischen uns und unserem Erlebnis des Kritikobjektes. Daraus erfolgt die schwere Problematik unserer täglichen Auseinandersetzungen: Wir kommen so selten auf einen Nenner, obwohl wir scheinbar dasselbe kritisieren. Aber wer sich dieser fundamentalen Zweideutigkeit – der A/B/C-Problematik – auch seiner eigenen Standpunkte bewußt ist, hat schon den ersten Schritt zu einer Kritikschulung getan.

Dies ist die eine Seite der planmäßigen, persönlichen Selbstbestimmung. Die andere Seite ist die Zivilcourage. Ein großer Mann hat einmal gesagt, Zivilcourage sei mehr wert als Tapferkeit im Krieg. Allerdings gehört dazu auch eine Gesellschaft, in der die Zivilcourage zwar vorteilsschädlich, aber nicht lebensgefährlich oder berufstödlich sein darf. Dann wird Zivilcourage witzlos und außer für den, der sich zum Märtyrer für eine einzige Tat geeignet fühlt, sinnlos. Ein solches Diktatursystem, das man sofort an der gedrückten Grundstimmung seiner Untertanen erkennt, gehört abgeschafft.

Zivilcourage ist die Haltung nach dem Lutherwort: Hier stehe ich, ich kann nicht anders. Aber auch in echt demokratischen Verhältnissen ist sie nur schrittweise realisierbar.

a) Die schlimmsten Kritiker sind diejenigen, die selber keine Kritik vertragen. Das läßt sich positiv umkehren. Jedermann, der Zivilcourage an den Tag legt, muß damit rechnen, mehr als ungerecht, oft sogar böswillig bekämpft zu werden. Deshalb sollte er sich gegen Kritik abhärten, Lob und Tadel annehmen lernen. Notwendigerweise werden dadurch seine eigenen Urteile milder. Er trägt also doppelt zur Verbesserung der Welt bei: Als Beweger und als Mäßiger.

b) Daraus folgt die richtige Art der Durchsetzung eigener Standpunkte. Wie artikuliert man die eigene Meinung? – Indem man zuerst die Gegenmeinung zutreffend artikuliert, ehe man zum Gegensteuern ausholt. Das zwingt uns zu einer demokratischen Haltung, die es auch im privaten Alltag nicht nur als Lippenbekenntnis geben soll.

c) Zivilcourage wird erst dann ihrem Namen gerecht, wenn sie die erkannten Mißstände anprangert. Das ist gegenwärtig wieder wichtig, denn man kann sich auch in der Öffentlichkeit noch lange demokratisch nennen oder sogar empfinden, wenn man da und dort und immer mehr diktatorischen Prinzipien (in Anpassung an terroristische Aktivitäten) Eingang gewährt hat. Die Zivilcourage verpflichtet, auch dort zu warnen, wo es unerwünscht ist. Sie ist eine demokratische Notwendigkeit zum Schutz der Demokratie.

Fernsehsucht

Vor dem Fernsehapparat zu sitzen, ist in der Bundesrepublik die Freizeitbeschäftigung Nummer eins. Dadurch wird eine Menge anderer, mindestens ebenso wichtiger Freizeitmöglichkeiten zurückgedrängt. Verschiedene Vorschläge wurden bereits unterbreitet, wie man diese Fernsehsucht reduzieren könnte. Nach einer solchen Anregung sollte ein fernsehfreier Tag eingeführt werden. Entweder sollte das Fernsehen als Institution einen Tag in der Woche keine Sendungen ausstrahlen oder die einzelne Fernsehfamilie freiwillig an diesem selbstgewählten Tag den Apparat nicht einschalten.
Solche Vorschläge erwiesen sich immer als utopisch. Ihnen fehlte die psychologische Unterweisung für die Durchführung eines solchen Selbstentschlusses. Mit dem Wunsch allein ist es nicht getan. Wie geht es besser?
Die Zurückdrängung des überzogenen Fernsehkonsums dient uns als Beispiel für verschiedene Formen der Gegensteuerung gegen Manipulationen, denn auch bei der Manipulationsabwehr kommt es nicht nur auf den guten Willen an, sondern auf eine planmäßige Strategie, die sich auf ein Veränderungswissen stützt.
Die planmäßige Zurückdrängungsstrategie besteht aus zwei sich ergänzenden taktischen Schritten: a) dem Abbau der

Faszination des Angebots, b) dem Aufbau der eigenen Widerstandsfähigkeit gegen unkontrolliertes Verhalten.
Nehmen wir als Sonderfall unseren Versuch, Kinder von der suchthaften Konsumierung von Fernsehwestern oder der Lektüre von Groschenromanen abzuhalten. Man kann das natürlich – mit zweifelhaftem Erfolg – durch Verbote. Es geht aber auch nach dem obigen Schema, zunächst als Abbau der Faszination des Angebots. Die Western werden als Filme an das Fernsehen geliefert. Ein solcher Einzelfilm besteht dann aus mehreren Filmrollen, die nacheinander abgespielt werden. Damit der Filmoperateur weiß, wann er die nächste Rolle auf der zweiten Projektionsmaschine abfahren lassen muß, um ein kontinuierliches Filmbild beizubehalten, erhält er oben in der rechten Filmecke ein (zumeist) dreieckiges Warnsignal und einen runden Umschaltbefehl. Nun kann man diese technischen Hilfsmittel seinen Kindern erzählen und eine Art Wettbewerb daraus machen, wer sie zuerst entdeckt ... Diese Neben-Aufmerksamkeit schmälert das Interesse am Film. Es ist aktiver Abbau der Faszination des Angebots.
Später kann man aus dem anfänglichen Spiel eine analytische Haltung provozieren, indem man das Filmangebot von seinen optischen Mitteln, der Kameraführung, den dramaturgischen Regeln (»die letzten 100 Meter müssen gerannt werden«), den geistigen Gehalten usw. beurteilt. Wer streng analysiert, kann nicht so leicht fasziniert werden.
Man kann auch im Gegensatz zur analytischen Haltung die emotionale Anwiderung als Mittel für den Abbau der Faszination einsetzen, wie die Bildgeschichte auf Seite 108 zeigt. Unter Berufung auf die Bakterienverdächtigkeit des angeschmuddelten pornographischen Machwerks bittet die Mutter die Tochter, beim Lesen Handschuhe anzuziehen ... Wie ist es nun mit dem *zweiten* taktischen Schritt, dem Aufbau der eigenen Widerstandsfähigkeit gegen unser kontrollentleertes Verhalten? Es ist im allgemeinen sehr viel bequemer, impulsiv nur das zu tun, was uns an Lüsten gerade so durch das Gehirn zuckt. Wir geben uns dem Augenblick hin, ohne kritisch Luft zu holen und ohne uns zu fragen, welcher Selbsttäuschung wir nun verfallen könnten. Im allgemeinen neigen wir stärker dem zu, was uns *Annehmlichkeit* verspricht, und wir glauben ihm leichter: Schlaraffeneffekt.
Man hört heraus, was man gern hören möchte ... Man glaubt das Dümmste, wenn es nur von hoher Warte produziert wird ... Man mißversteht leicht zu eigenen Gunsten und zu denen der eigenen Bezugsgruppe ... Wenn jemand positive Gefühle auf

sich zieht, übernehmen wir seine Meinung leichter... Wenn eine Meinung mehrfach unwidersprochen angehört wurde, glaubt man sie, auch wenn sie nicht einleuchtet... Wenn viele einer Meinung sind, stellt man lieber seine eigene zurück...
Prüfen Sie selbst die Schwierigkeit des Widerstands, indem Sie ein kritisches Pamphlet gegen die Autorität eines allgemein akzeptierten Sprichworts verfassen, beispielsweise das folgende, »es wird nichts so heiß gegessen, wie es gekocht wird«.
Mit einem solchen Unterfangen sind wir schon auf dem Weg einer aktiven Selbsterkenntnis, wie wir sie im letzten Abschnitt besprochen haben. In unserem engeren Fall der Zurückdrängung der Fernsehsucht müßten wir ebenso selbstkontrolliert vorgehen. Dazu gehört eine Programmzeitschrift; eine Woche vorher (so wie wir auch Konzertbesuche oder Verwandtenbesuche planen) müßten wir das Programm durchmustern, jedes Familienmitglied sollte seine Wünsche ankreuzen, und danach sollte ein Eigenprogramm zusammengestellt werden. Sollte aber dann dem Zuschauer das Programm nicht gefallen, müßte die Übereinkunft gelten, nicht hin- und herzuschalten und andere Programme auszuprobieren! Auch das Sitzenbleiben, wenn ein Programm zu Ende ist und das nächste nicht angekreuzt wurde, wäre verpönt. Das ist Selbstkontrolle. Mühselig? – Gewiß, aber letztendlich eine Selbstbefreiung.

4 Wirkung durch Gefühle

Angeschlossen an den Lügendetektor

Man müßte lange suchen, um eine ebenso verlogene Bezeichnung wie Lügendetektor zu finden. An dem Wort stimmt nichts. Weder ist das Gerät (siehe linke Abbildung Seite 106) im engeren Definitionssinn ein Detektor, noch werden damit Lügen aus Wahrheiten herausgefiltert. Worum es sich eigentlich handelt, ist noch nicht einmal eindeutig geklärt. Eines ist jedoch sicher: Unsere Haut ist elektrisch leitfähig.
Schickt man zwischen zwei Kontaktklammern (angeschlossen an je einen Finger) einen schwachen Strom hindurch, so verändert sich die elektrische Leitfähigkeit nach der inneren Beteiligung der Versuchsperson. Das im Fernsehfilm vorgeführte Experiment verlief gleichsam lehrbuchhaft. Der Versuchsperson wurden über einen Monitor drei Bilder vorgeführt. Im gesendeten Fernsehbild ist (rechts außen) gleichzeitig der Verlauf der affektiven Beteiligung zu sehen.
Nach der Ankündigung des ersten Bildes »Gewaltdarstellung« erfolgte ein mittlerer Erwartungsausschlag des Meßgeräts, das kurz gezeigte Bild ebenfalls. Das zweite Bild »nacktes Mädchen« ergab bei der weiblichen Versuchsperson einen mittleren Ausschlag bei der Ankündigung und einen niedrigen bei Vorführung des Aktbildes (bei Probedurchläufen mit männlichen Versuchspersonen dagegen einen hohen Ausschlag). Das dritte Bild wurde als »besonderes Bild« angekündigt. Es handelte sich um ein mit einer Sofortbild-Kamera unauffällig geknipstes Bild der Versuchsperson selbst, das nun über den Monitor nur kurz dargeboten wurde. Die Ankündigung ergab wiederum eine mittlere Erwartungskurve: dagegen das Selbstbildnis einen außerordentlich hohen Ausschlag des Aufzeichnungsgerätes.
Der Versuch hat grundsätzliche Bedeutung, denn bereits die Ankündigung zeigt die *Erwartungsreaktion.* Hier im Versuch fielen sie gleichmäßig aus, weil die Ankündigungen gleichförmig gesprochen wurden. Dagegen zeigten die Bilder selbst charakteristische Unterschiede. Den eindeutig höchsten Ausschlag des Zeigers ergab (ebenso in den Probeläufen) das Selbstbild der Versuchsperson. Während des Erlebnisses gibt

es also eine unterschiedliche *Begleitreaktion*, je nach Anteilnahme.
Wie bei einem guten Opernabend erleben wir zunächst die Ouvertüre, die die Erwartung einstimmt. Auf der Basis dieses Erwartungseindrucks folgt die eigentliche »Vorstellung«. Wir erleben also nicht nur die Opernakte, sondern verbuchen sie auch innerlich auf der Folie der Ouvertüre – aber nicht nur das.
Bevor wir unseren Sessel einnehmen, werden wir durch mehrmaliges Klingeln in die nötige Erwartungsspannung versetzt. Außerdem haben wir uns selbst, etwa durch festlichere Kleidung, in die zugehörige Vorerregung versetzt. Dieses Ineinander der Bedingungen hat Oswald Külpe bereits 1913 auf die folgende nüchterne Formel gebracht:

$$G = f\,[I,\ D,\ E_{(r,\ i,\ a)},\ R_{(v,\ m)}]$$

Übersetzt bedeutet sie: Das Gefühl *G* ist eine Funktion *f* der in eckige Klammern gesetzten Einheit von *I* der jeweils eigenartigen Individualität des einzelnen, *D* seiner augenblicklichen Disposition, also auch seiner Erwartungen, *E* der erregenden Bedingungen (an Reizen *r*, Inhalten *i*, Akten *a*), *R* der reaktiven Rückwirkungen (vorstellungshafter *v*, motorischer *m*) von Folgen aus dem Gefühlserlebnis selbst.
Dieses komplizierte Ineinandergreifen ergibt das Auf und Ab der Gefühle. Der polnische Psychologe T. Tomaszewski beschrieb 1946 den Verlauf eines »normalen« Ärgers:

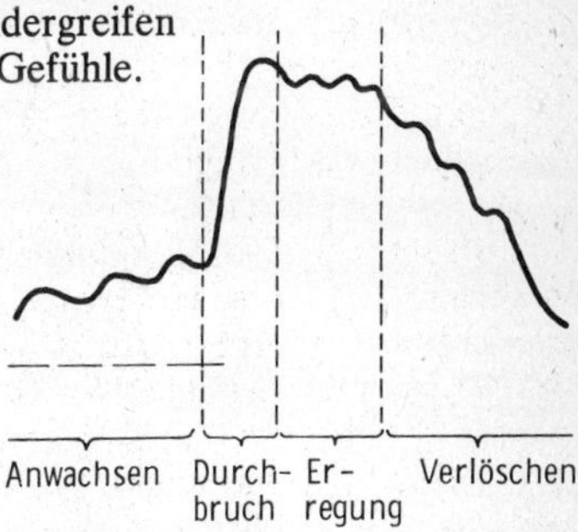

Was hat das mit unserem Thema Manipulation zu tun? – Ein französischer Essayist schrieb über die Gefühle: »Wilde, schöne, hehre, sehnsüchtige, böse, unendliche Gefühle – verkannt, verpönt, verachtet. Wer sollte euch verteidigen in einer trockenen intellektuellen Welt, als die lebensvollsten, vehementesten Äußerungen der menschlichen Seele?«
Gerade wegen ihrer Ungeschütztheit können die Gefühle leicht

Ein »Lügendetektor« funktioniert in der Weise, daß die elektrische Leitfähigkeit der Haut gemessen wird. Die ist nämlich nicht immer gleich. Wenn der Mensch erregt ist, nimmt die Leitfähigkeit zu.
Man muß aber schon sehr kindliche Vorstellungen haben, wenn man meint, Erregung bedeute immer, daß man gelogen hat. Also kein »Lügendetektor«, sondern ein Erregungsmeßgerät ist so ein Hautgalvanometer, wie es richtig heißen müßte.
Sicher aber ist, daß Gefühl und Erregungen verschiedenster Art zusammenhängen. Also kann man mit diesem Gerät Gefühle sozusagen meßbar nachweisen. Welche Gefühle es sind, läßt sich natürlich nicht feststellen.

Verpackung nach Gefühl!
Aber Gefühle können sich ändern. Als man den Zusammenhang zwischen Tabak, Teer und Krebs entdeckte, erschien die vornehm dunkelbraune Packung einer altbekannten Zigarettenmarke eben nicht mehr vornehm, sondern teerfarbig.
Also änderte man sie. Aber nur ganz langsam, über viele Jahre hin, um das Image nicht zu zerstören.
Die Packung wurde rostrot, die weißen Kappen verbreitert. Weiß wird aufgefaßt als rein, gesund, damit im Zusammenhang steht auch Rot, das auch Ausdruck für vitale Kraft ist. Andere Marken haben ihre Zigarettenschachteln nur in Weiß und Rot gestaltet.

mißbraucht werden. Trauer, Freude, Neid, Heimweh, Eifersucht, Unendlichkeitssehnsucht – sie können herbeigerufen werden, wie man Gedanken hervorrufen kann. Aber mit der Gedankenerregung verknüpft sich für uns eine lebenslange Denkschulung, dagegen findet eine Gefühlsschulung fast nirgends statt. Mit Gefühlen kann man noch lange, ohne daß es auffällt, manipulieren, wenn uns bei geistiger Manipulation

längst das Mißtrauen gepackt hätte. Der Wildwuchs unserer Gefühle gestattet das.
Wir wollen uns deshalb kritisch mit den Gefühlen auseinandersetzen, um es den Gefühlsmanipulateuren schwerer zu machen.

Drei einflußreiche Gefühle

Die amerikanischen Forscher Hovland und Kelman haben folgenden Versuch unternommen. Die gleiche sachliche Mitteilung wurde (nach den üblichen strengen Versuchsregeln) einmal angekündigt als die Aussage eines Jugendrichters, einmal als die eines Verwahrlosten und schließlich als die einer prestigeneutralen Person. Die Aussage des Jugendrichters fand man in Ordnung, die des Verwahrlosten empfand man als gefährlich und die der neutralen Person als langweilig. Unsere Wertmaßstäbe hängen offensichtlich mit Sympathie und Antipathie zusammen, die wir unseren Mitmenschen entgegenbringen.
Die Gefühle sind immer dabei. Sie sind die Begleitmusik zum Denken, zum Wahrnehmen, zum Erinnern. Sie können aber auch so dominant sein, daß sie alle anderen psychischen Prozesse hinwegschwemmen. Dann sind wir innerlich von ihnen ganz erfüllt und für anderes kaum ansprechbar. Man sagt: Liebe macht blind. Letztlich aber macht jeder mächtige Affekt blind.
Dies ist die Stunde des Manipulateurs. Wenn es ihm gelingt, die Gefühle so anzuregen und aufzuheizen, daß die Menschen wie blind sind, hat er leichtes Spiel mit seiner unmerklichen Dirigierung. Ein Beispiel dafür, das wir später aufgreifen, ist die Angst. Macht man den Menschen gehörig Angst, sind sie wie die Lemminge in Marsch zu setzen. Deshalb ist das Thema der Gefühlsmanipulation ein besonders wichtiges Thema, um private und (noch bedeutungsvoller) öffentliche Manipulationsbestrebungen, die auf der Angstbeeinflussung beruhen, zurückzudrängen.
Die Gefühle sind in mehrerlei Hinsicht zu unterscheiden, die wichtigsten davon sind die folgenden. Die Gefühle weichen untereinander durch ihre *Stärke* ab: ruhige Stimmungen, mittlere Erregungen, starke Leidenschaften (Affekte); die *Verlaufsdauer* differiert von anhaltenden Grundstimmungen bis zu unbeständigen, wandelhaften Gefühlen; Gefühle können ferner mehr nach außen oder mehr nach innen gerichtet sein; ihr Gleichgewicht reicht von gelöster Zerstreuung bis zu ver-

Lesen ohne Gefühl!
Die Tochter einer intelligenten Mutter wollte Pornohefte lesen. Der Mutter gefiel das nicht, aber sie sprach kein Verbot aus. Sie meinte nur, die Hefte seien doch schon durch viele Hände gegangen – »wer weiß, was da für Bakterien dranhängen!«

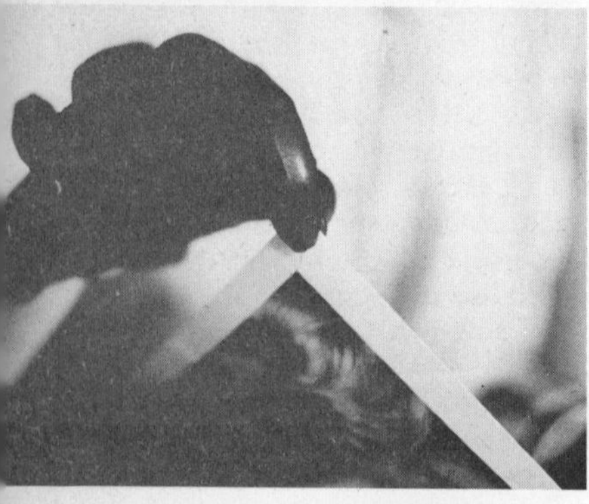

Und sie riet ihrer Tochter, doch besser Handschuhe anzuziehen – wegen der Hygiene –, versteht sich. Kein »Fingerspitzengefühl« mehr! Ein wichtiger gefühlsmäßiger Zugang versperrt!

Der Tochter gefielen die Hefte bald ebenso wenig wie ihrer Mutter.

krampfter Anspannung; nach der Einheitlichkeit können selbständige (autonome) und Mischgefühle (ambivalente) unterschieden werden; die *Gefühlshöhe* bestimmt sich je nach den rationalen Anteilen: von den nichtgegenständlichen, diffusen Anmutungen bis zu den geistigen Gefühlen, wie etwa den ästhetischen; schließlich sind sie anders geartet je nach den *Inhalten*: die Gruppe der lustbetonten und die der unlustbetonten, die wiederum in zahlreiche inhaltliche Untergruppen aufgeteilt werden können.
Zum letzten Punkt greifen wir drei Untergruppen heraus, um an ihnen die Gefühlsmanipulationen zu bestimmen. Es sind gleichzeitig die wichtigsten Stützen für Gefühlsmanipulateure: die Kitschgefühle, die Gewaltgefühle und die Angstgefühle. Bevor wir aber zu ihnen vorstoßen, interessieren uns die Mechanismen der Gefühlsmanipulation.

Ansteckend wie das Gähnen

Das Sprichwort vom ansteckenden Gähnen stimmt nicht immer. Aber es dürfte doch außer Zweifel sein, daß uns das heftige Gähnen eines Nachbarn infizieren kann.
Gähnen ist eine reflektorische Reaktion auf den Sauerstoffmangel des Zentralnervensystems. Durch das Aufblähen der Lungen wird die Sauerstoffzufuhr erhöht. Aber dieser erforderliche Sauerstoffpegel ist nicht ein für allemal festgeschrieben. Er läßt sich dadurch beeinflussen (wie Bykow nachgewiesen hat), daß wir auch für die Sauerstoffzufuhr konditionierbar sind. Wenn wir eine bestimmte Rechenaufgabe mehrfach in einem sauerstoffarmen Raum durchgeführt haben, braucht man uns nur eine ähnliche Aufgabe in einem ganz anders belüfteten Raum vorzulegen, schon stellt sich unser Körper auf Sauerstoffarmut ein. Diese Reflexe sind also ebenfalls von außen beeinflußbar.
Um aber zu erklären, warum Gähnen ansteckend wirken kann, verweisen wir außerdem auf die Gesetzmäßigkeit der Nachahmung. Viele unserer Tätigkeiten müssen wir nicht Stück für Stück erlernen. Wir übernehmen sie gleichsam vorgefertigt von unserer Umgebung in spiegelbildlicher Abnahme. Besonders gut beobachtbar ist das bei einem Säugling, den die Mutter anlacht und der in einer Ausdruckskopie mit Lächeln reagiert. Dieses Übernehmen eines Affektes ist im Alltag nicht selten. Beispielsweise begegnen einem mürrischen Menschen die an-

deren ebenso mürrisch, einem lachenden zumindest etwas freundlicher. Diese suggestive Nachahmung gilt auch unter entsprechenden Voraussetzungen für das konditionierte Gähnen.
Diese Suggestivkraft wirkt noch viel stärker bei den Gefühlen. Wir werden einfach mitgerissen.
Für die Fernsehsendung sollte das in einem Demonstrationsversuch nachgewiesen werden. Leider erhielten wir von keiner Fernsehanstalt für diese Untersuchung eine Unterhaltungssendung. Man schreckte offensichtlich vor einer Fernsehreihe mit dem Titel »Manipulation – und wie man ihr entkommt« zurück. Daraufhin wurde folgender Versuch unternommen.
Ein Schauspieler las Namen aus dem Hamburger Telefonbuch vor. Die Aufzeichnung wurde zwei Versuchsgruppen über einen Monitor vorgeführt. Die eine Gruppe hörte sich die Darbietung in der Form, wie sie aufgezeichnet wurde, in ziemlicher Ratlosigkeit an. Auch der anderen Versuchsgruppe wurde die Aufzeichnung vorgespielt, aber mit einer unterlegten Lach- und Beifallskulisse, die von einer elektronischen Lachmaschine produziert wurde. Diese Versuchsgruppe lachte mit, und zwar, wie gesagt, über den Vortrag aus dem Hamburger Telefonbuch!
Starken Emotionen können wir uns schwer entziehen. Besonders dann, wenn viele Menschen diese Gefühle demonstrieren und wenn wir diese Gefühle in allmählich gesteigerter Form vorgesetzt bekommen, werden wir emotional überschwemmt.
Der Gefühlsmanipulateur hat also zweierlei zu tun: 1. Er muß unser Gefühlsleben anstacheln; 2. er muß diese verführten Gefühle zur Überdeckung vernünftiger Gedanken benutzen, um leichter seine eigennützigen, keineswegs dem Betroffenen dienenden Ziele durchzusetzen. Konkret durchgeführt könnte eine solche Gefühlsmanipulation folgendermaßen verlaufen.
Man stellt zwischen zwei Menschen, Gruppen oder auch Völkern eine Rivalitätssituation her. Die Hitze des Wettbewerbs ergibt das Gefühlspotential. Diese wird durch Bedrängnis, Fragen, Verdächtigungen usw. aufgeheizt. Dafür kann man besonders gut die sogenannten *Stereotypien*, die Vorurteile gegenüber anderen (zum Beispiel »die Intellektuellen ...«, »die Italiener sind ...«) verwenden. Ist aus der Rivalität schließlich *Haß* geworden, kann man von dem anderen jede Schlechtigkeit behaupten, sie wird anstandslos geglaubt. Kommt es dann zu Auseinandersetzungen, ist der andere nicht mehr Gegner, sondern *Feind*, der unter allen Umständen und mit jeglichem

Gefühle stecken an wie das Lachen, das ja der Ausdruck für viele Gefühle ist.
Eine Art Dichterlesung! Allerdings ohne Dichtung!
Gelesen wird: das Hamburger Telefonbuch Buchstabe B.

Die Zuhörer sind ziemlich ratlos. »Was soll das?« Einer anderen Gruppe wird das gleiche vorgeführt, nur wird über die Tonanlage ständig Lachen und Beifall eingespielt.

Und die Zuhörer lachen mit. Der Leser erscheint plötzlich komisch.

Das Lachen kommt aus einer Lachmaschine. Die sieht aus wie eine kleine elektronische Heimorgel. Die Tasten geben aber keinen Ton, sondern jede ein anderes Lachen oder Beifallklatschen. Man kann also die verschiedensten Lacher und Beifälle kombinieren wie Akkorde auf dem Klavier.

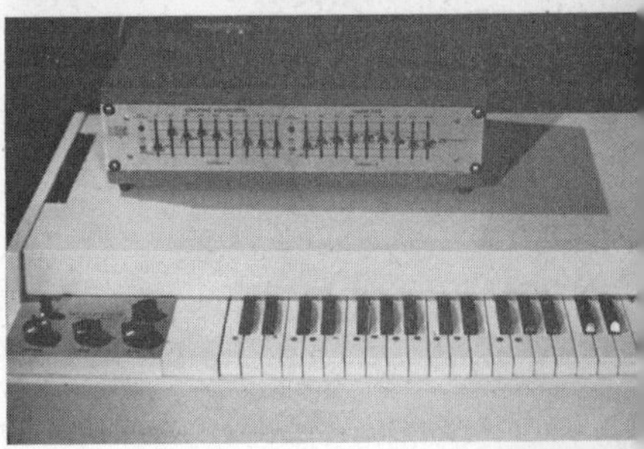

Recht vernichtet werden darf. Man begibt sich auf einen Weg zurück zu einer Art Kannibalismus, den die Religionen in mühseliger Kleinarbeit (und mit eigenen Rückfällen), über Jahrtausende verteilt, zurückgedrängt haben.
Aber es gibt nicht nur die bösartigen Gefühle, sondern auch die seidenweichen.

Kitschgefühle

Die Schulung des Denkens, abgesehen vom reinen Pauken von Wissen und der kreativen Anregung durch Einfälle, beruht hauptsächlich auf zwei Bestrebungen: a) Man verbessert die Fähigkeit, folgerichtig denken zu lernen; Ziel ist die sogenannte *Stringenz*, die bündige, stichhaltige – undogmatische – Schlußfolge und b) die Fähigkeit, die vielen Ereignislinien, das Geflecht der Bedingungen in ihrer Vielfalt und Vielschichtigkeit zu durchschauen und darstellen zu können. Hätten wir eine entsprechende Gefühlsschulung, müßten ihre Ziele recht ähnlich sein.
Wenn jemand dumm ist, denkt er einlinig und kurzschlüssig. Wenn jemand gefühlsstumpf ist, fühlt er engherzig und deformiert. Für die Gefühle gilt insgesamt, was Schopenhauer vom Gerechtigkeitsgefühl sagte, es sei in chemisch reinem Zustand ungenießbar. Im Gefühl sollte immer die Spannung des Vielschichtigen mitenthalten sein; ähnlich wie der vielgestaltige Rhythmus höher als der eintönig gleichmäßige Takt ist, ist die (vereinheitlichungsfähige) Vermischung des Sowohl-als-Auch der Gefühlshöhe zuträglich. Der Differenzierung des Denkens entspricht qualitativ die Differenzierung des Gefühls.
Dagegen ist der Kitsch (von kitschen oder übertünchen) »chemisch rein«: die ungetrübte Harmonie, das unendliche Glück, die makellose Schönheit, die grenzenlose Liebe, das unfehlbare Vaterland, die allein wahrhaftige Weltanschauung, die selbstgerechte Ichhaftigkeit... Aus einem berechtigten oder verständlichen Wunsch wird ein Fetisch gemacht, dem man mit elitärer Schwärmerei huldigt.
Jeder einigermaßen Vernünftige wird sich schütteln vor solch falscher Idealität und unreflektierter Sentimentalität. Nicht so der Manipulateur. Er weiß, daß Menschen – und zwar auch wir selbst – an dieser oder jener Stelle mit emotionaler Maßlosigkeit zu bannen sind. Wählen wir ein Beispiel, das jedem lächerlich vorkommen muß. Es stammt aus einem siebzig Jahre

alten Unterhaltungsroman, der mehr Leser hatte als alle Werke Goethes zusammen. Der Ausschnitt lautet:

»Herzog Egon zuckte in animierter Stimmung humorvoll die Achseln, während er sein geistvoll strahlendes Auge, das so manche Damenrunde elektrisiert hatte, aus dem Fenster seines in geschmackvollster Bauart errichteten Schlosses schweifen ließ. Dann drehte er seine immer noch jugendliche Figur, die jedem Sport huldigte, in seiner bekannten charmanten Weise, zu der Gräfin Blankwitz, die sich tief in das Goldsesselchen zurücklehnte, dessen grüner Plüsch um ihre schlanken, doch königlichen Schultern schillerte.
Ein Lebemann im guten Sinne hatte er ein ganzes Lager diverser Blicke auf Vorrat, und jetzt wählte er als Menschenkenner einen der interessantesten und kecklich flammendsten, indessen Gott Amor einen dichten und rosigen Schleier vor seine Augen legte. ›Wenn ein Mann‹, sprachen seine schön geschwungenen Lippen, ›einem Weibe sein Herz und seine Liebe gibt, liegt ihm in solch heiligen Stunden aller Scherz fern...‹
Bei diesen Worten beugte er sich mit so zauberhaft leuchtenden Blicken über sie, daß sie hastig ihre Augen niederschlug und sich rosige Glut in ihren Wangen malte. Dann nahm er das stolze Gesichtchen, das sich ihm nun freimütig und jungfräulich herb zuwandte, in seine kräftigen edelgeformten Männerhände und drückte einen heißflammenden Kuß auf ihre erbleichenden Lippen.« (Nataly von Eschstruth)

Die Lächerlichkeit ist schwerer durchschaubar, wenn eine solche Story zur »Love Story« komponiert wird, wie es der Literaturhistoriker Eric Segal vor wenigen Jahren ganz bewußt gemacht hat. Der »Lustgewinn« durch Kitsch ist unverbindlich: Er befriedigt die Sucht nach dem Angenehmen, Leichten, Unproblematischen. Es ist sozusagen ein seelisches Komfortbedürfnis, das der Kitsch (ähnlich wie im Materiellen) erfüllen soll.

Gewalt im Fernsehen

Seit Monaten wird ein Streit darüber ausgefochten, wie Gewaltdarstellungen im Fernsehen auf das Publikum wirken. Die einen sagen, die dargestellte Gewalt wird nachgeahmt, es wird

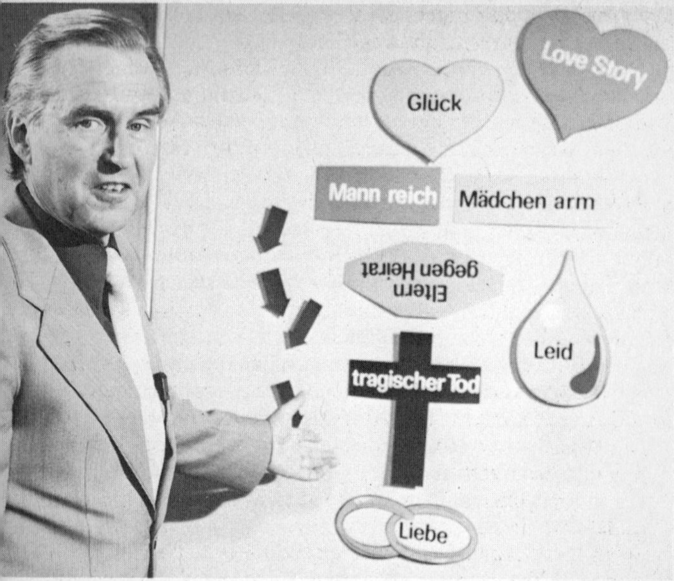

Gefühle haben ihre Dramaturgie. Wer sie kennt, kann Romane schreiben, keine Weltliteratur, aber zu Billigromanen reicht es, manchmal sogar zu einem Bestseller.
Aus Glück und Leid und Liebe und Tod läßt sich immer etwas Erfolgreiches mixen. Besonders ergreifend ist das Aschenputtelmotiv: reicher Mann und armes Mädchen. Ärger mit den Eltern dramatisiert das Ganze sehr, besonders wenn sie am Grab des armen Mädchens auch noch eine Träne verdrücken.
Ein solches Rezept wurde zum Welterfolg als Buch und Film: die »Love Story«. Autor Eric Segal, als Literaturwissenschaftler mit diesen Rezepten vertraut, hatte einmal vorsätzlich und bewußt nach diesem Muster »gestrickt«.

dabei gelernt, wie man sich aggressiv verhält. Die anderen meinen, beim Ansehen solcher Gewaltszenen reagiert man sich innerlich ab und sei dann hinterher ausgeglichener. Wer hat nun recht?
Wenn die Vertreter dieser Meinung wirklich glauben, so global antworten zu können, haben sicher beide nicht recht, denn die Aggressivität ist sowohl als Affekt wie auch als Handlung nicht auf Knopfdruck auslösbar. Damit jemand aggressiv wird beziehungsweise seine Aggressivität abreagiert, müssen sehr viel mehr Bedingungen erfüllt sein. In der Fernsehsendung wurden

zum Vergleich *fünf* unterschiedliche Gewaltszenen dargeboten. In der ersten zeigte ein Ausschnitt aus der Zeichentrickserie »Rosaroter Panther« eine Reihe bestialischer Morde, danach aus dem Western »Apachen« ein schießwütiges Rudel von Gangstern, die noch in die Leichen der Rothäute schossen, so daß diese hochschnellten. Anschließend folgte aus der Krimiserie »Starsky und Hutch« eine Schießerei auf einem Altwarengelände, wobei der Täter in eine Blechhütte flüchtete, an einem Kran hochgezogen und anschließend fallengelassen wurde. In einem Bericht über eine politische Demonstration wurden dann Knüppelszenen mit anschließendem Abtransport in Polizeiautos gezeigt. Die letzte Gewaltszene bildete schließlich ein Zusammenschnitt aus dem Fußballspiel Deutschland/Italien bei der Fußballweltmeisterschaft in Argentinien, in der die deutschen Spieler reihenweise durch Fouls gestoppt wurden.
Fünf Beispiele von *absteigender* Gewalteinwirkung: vom mehrfachen bestialischen Mord über Mord und Leichenschändung zu grober Körperverletzung und leichter Körperverletzung bis hin zu einigen blauen Flecken im Fußballspiel. Die aggressive Gefühlskurve beim engagierten Zuschauer verläuft in der Regel anders herum. Der Zeichentrickfilm braucht die Übertreibung der Komik, und der Mord ist dabei die größte »Übertreibung«. Aber da man weiß, daß das ermordete Zeichentrickmännchen trotz Zerstückelung, Flachwalzen und In-den-Boden-Schlagen gleich wieder aufsteht und losrennt, wird das belacht. Kein Western- oder Krimifan würde seinen Fernsehapparat im aggressiven Rausch zertrümmern. Wohl ist das schön öfter bei Übertragungen von Fußballspielen geschehen. Es kommt also nicht allein auf das tatsächliche Maß der gezeigten Grausamkeiten selbst an, sondern vielmehr auch auf den inhaltlichen Zusammenhang und die formale Gestaltung.
Das ist aber nur die eine Seite. Wir haben demgegenüber sehr unterschiedliche Aggressionspotentiale, je nach Alter, Geschlecht, Herkunft und vor allem je nach eigener Gewalterfahrung. Hier liegt das eigentliche Problem. Die Rollenerwartung zum aggressiven Verhalten, die zum Beispiel bei Jungen höher als bei Mädchen ist, und die erlittene beziehungsweise ausgeübte Aggressivität sind sehr viel durchschlagender; dagegen ist die Wirkung der angesehenen Gewaltdarstellung zweitrangig. Und nun wird in Diskussionen gefragt, welche Wirkung die Fernsehgewaltszenen auf Kinder, Jugendliche oder Erwachsene haben.
Doch in der Weise herausgelöst aus dem anderen Zusammen-

hang der aggressiven Karriere der Zuschauer läßt sich das schlechterdings nicht beantworten, wenn man sich nicht mit »interpretierbaren« Antworten zufriedengeben will, was seitens der Wissenschaftsgläubigen immer wieder geschieht. Man fordert den Wissenschaftler zu Überinterpretationen, mit einem anderen Wort zur Manipulation auf. Und es ist für viele Wissenschaftler nicht leicht, manche haben sich sogar daran gewöhnt, diesen Umstand zu übersehen. Mit Sicherheit und ohne Übertreibung läßt sich nur sagen: Dort, wo eine hohe Aggressivität vorhanden ist, wird die mitangesehene Gewalt unter den genannten formalen Voraussetzungen in der Regel agressivitätsförderlich sein. Aber das heißt auch in der Umkehrung, die Wegnahme aller Gewaltszenen aus allen Medien würde merklich nichts ändern, denn man zöge statt dessen ganz harmlose Anlässe für die *gesuchte* Gewaltauslösung heran.
Daraus allerdings den Schluß zu ziehen, es hat ja ohnehin keinen Sinn, die aggressiven Darstellungen zu meiden, also laßt sie uns bedenkenlos zeigen, wäre erst recht ein Zeichen einlinigen Denkens, denn dargestellte Gewalt ist in einem *indirekten* Sinn dennoch von erheblicher Bedeutung. Nicht die einzelne Gewaltszene, sondern die Kette ungezählter Gewaltdarstellungen verändert oder bestärkt die Einstellung gegenüber der Gewaltanwendung.
Man kann sich das leicht vor Augen führen. Dazu eine kleine Aufgabe: Sprechen Sie in den nächsten beiden Wochen irgend jemandem drei Komplimente oder Lobsprüche aus und berichten Sie danach. Die tatsächlich durchgeführten Versuche zeigen, daß über 60 Prozent der Versuchspersonen nicht in der Lage gewesen sind, ihre Komplimente loszuwerden; beim Tadel dagegen bereitete das keine Schwierigkeit (vergleiche H. Benesch, Handbuch zur Praktischen Psychologie, Seite 147 ff).
Man hat sich allenthalben daran gewöhnt, unter Kritik allein Rüge, Beleidigung, Ironie, Verleumdung, Vergeltung und Bosheit zu verstehen. Ungewohnt zu loben, gerät dann das Kompliment leicht zur kitschigen Unglaubwürdigkeit. Der von solcher Kritik Betroffene glaubt sich seinerseits wehren zu müssen und reagiert aggressiv. Typisch für die schiefe Einstellung zur »Kritik« ist die allgemeine Meinung im Journalismus, wenn man jemanden lobt, sei das »Hofberichterstattung«. Der Verriß dagegen zeige den »kritischen Kopf«, außerdem glaubt man – wahrscheinlich zu Recht –, das Publikum interessiere sich mehr für die Schmähung. Dies ist die eigentliche Lage, an der ein paar gestrichene Gewaltszenen nichts ändern würden.
Lange Friedenszeiten haben ihren Preis. Es scheint leider eine

Gesetzmäßigkeit zu sein, daß dann die zwischenmenschlichen Gehässigkeiten ansteigen. Dagegen hilft nur Klärung der Lage und Aufklärung mit dem Ziel, diesen Teufelskreis aufzubrechen. Es ist natürlich keine Kleinigkeit, um die es dabei geht.

Die Gefährlichkeit der Angstbeeinflussung

Soeben haben wir von der Rolle der aggressiven Gefühle in unserer Gesellschaft gesprochen. Nicht minder gefährlich sind die Angstgefühle. Wer sich ängstigt, reagiert nur noch aus Zufall vernünftig. Seine »normale« Reaktion ist die Flucht.

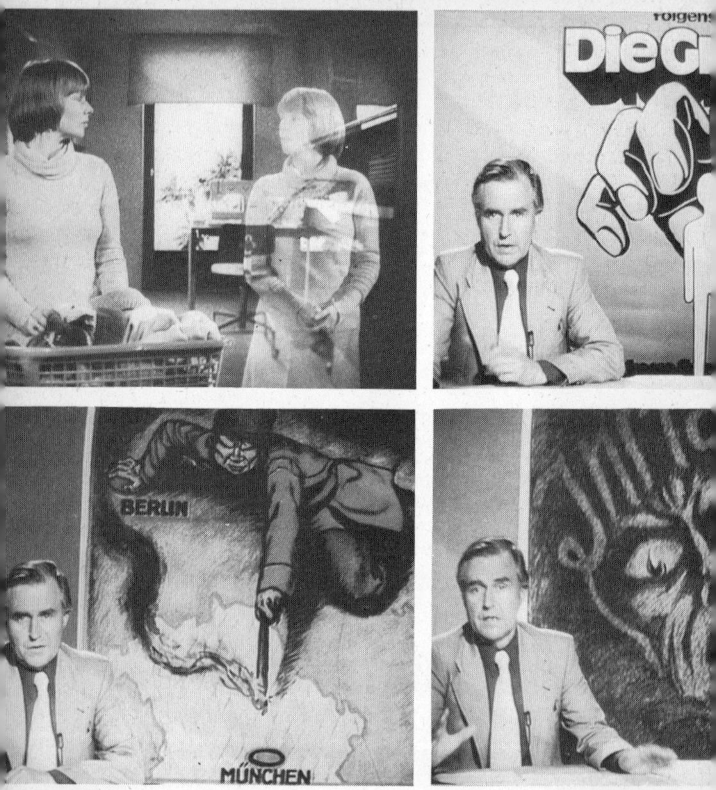

Eine gefährliche Manipulation ist die Verwendung der Angst. Wer Angst hat, flieht – blind irgendwohin. Niemand kann voraussehen, was die Angst bewirkt.
Seit Jahr und Tag wirbt ein Weichspülmittel mit der Angst der Hausfrauen, sie könnten von ihrer Familie abgelehnt, verstoßen werden. Das »schlechte Gewissen« tritt buchstäblich hinter sie. Ungezählte Frauen sind betroffen, Psychiater zeigen im Zusammenhang mit dieser Werbung eine erschütternde Bilanz der Angst.
Eine riesige Geisterhand ist in vielen Werbungen regelrecht zu einem Symbol für lebensgefährliche Bedrohung gemacht worden. Ein guter Zweck ändert nichts daran.
Die Angst wird alles überfluten. Katastrophal in der Wirkung ist deshalb die Angstmanipulation in der Politik. Immer wieder wird sie in Wahlkämpfen und Auseinandersetzungen eingesetzt. Die Katastrophe von 1939 bis 1945 ist vor allem auch Ergebnis einer langen planmäßigen Angstmanipulation, auch schon vor 1933 von den verschiedensten Parteien gegeneinander.

Die Flucht aus Angst hat viele Gesichter, denen man nicht sogleich ansieht, was dahintersteckt. Da sind zum Beispiel die Flucht nach innen, die Flucht in den Urlaub, die Flucht in den Aberglauben, die Flucht in die Lüge, die Flucht in die Krankheit, die Flucht in den Extremismus.

Was ist Angst? – Es ist jenes brennende Gefühl, das uns stocken läßt; wir sind erregt und doch verspannt. Wir stellen uns drohende Folgen vor und nehmen sie als möglich vorweg. Und vor dieser Vorstellung ängstigen wir uns noch mehr und steigern uns in die Angstgefühle hinein. Die Anlässe werden dann immer unwichtiger. Der von Angst geplagte Mensch ist nicht mehr er selbst – er ruht nicht mehr in sich, er wird getrieben und läßt sich treiben. Das ist der Grund, weshalb Manipulateure gern mit »Angstmache« arbeiten.

Die Resultate solchen Tuns sind alsbald zu sehen, und der Manipulateur erhält seine Macht bestätigt. Dennoch ist es die unnützeste Manipulation, denn wer Angst ausstreut, kann nicht erwarten, daß er die Menschen nachträglich dirigieren kann. Nach einem zynischen Wort Talleyrands könnten wir sagen, Angst machen ist nicht nur ein Verbrechen, sondern etwas viel Schlimmeres: ein Fehler. Dazu ein Beispiel.

Vor Jahren gab es eine Reklame, in der ein logischer Schlußvorgang gefordert wurde. Eine angsterregende Geisterhand über glatter Straße sollte die drohende Rutschgefahr suggerieren, derzufolge sich der potentielle Käufer für einen bestimmten Reifen entscheiden sollte. In der Auswirkung der Werbung sah die Schlußfolgerung viel kürzer aus: Rutschgefahr = ... Reifen. Man mied also die als gefährlich suggerierten Reifen. Kein Wunder, daß die Firma eine solche Werbung bald auswechselte.

Warum ist Angst so gefährlich? – Der Grund ist jedem Psycho-

AUF ENDLOSER STRASSE

therapeuten gegenwärtig. Es gibt keine psychische Störung, an der nicht auch die Angst beteiligt ist. Wer Menschen psychisch schädigen will, kann es nicht »besser« als durch Ängstigung. Wenn eine Waschmittelfirma seit vielen Jahren, nur kurzfristig unterbrochen durch Proteste, Hausfrauen ängstigt, indem sie ihnen vorhält: »Siehst Du, da hast Du wieder ein schlechtes Gewissen« und dies noch suggestiv unterstützt, indem man die Darstellerin im Trickverfahren aus sich heraustreten läßt, so zeigt das eine Bedenkenlosigkeit, der die seelische Gesundheit der Frau nichts, der Verkauf ihres Einweichmittels alles bedeutet. Wenn eine andere Firma ein Kostüm mit den Worten anpreist »Ihr Mann braucht eine Frau, die mit seinen Erfolgen Schritt hält« und damit bedenkenlos Verstoßungsängste mobilisiert, so zeigt dies eine bestimmte moralische Haltung, die wir nur deshalb nicht offen benennen können, wofür wir sie halten, weil diese mächtigen Firmen Stäbe von Rechtsanwälten beschäftigen und ausreichende finanzielle Mittel für lange Prozesse besitzen.
Aber nicht nur die Wirtschaftswerbung schädigt durch Angstbeeinflussung, häufiger tut dies die politische Propaganda. Ein ehemaliger Verfassungsschutzpräsident drückt das treffend aus: »Politiker aller Schattierungen haben immer wieder Gefahren erfunden, um die Massen in Angst zu versetzen.« Warum? – Nur um für ihre Partei einige Stimmen zu ergattern! Der öffentliche Schaden, den sie der deutschen Demokratie und den Bürgern damit zufügen, interessiert sie nicht – vermutlich fehlt ihnen dazu sogar das Verständnis aufgrund mangelnden Problembewußtseins. *Und es fehlt jemand, der es ihnen unparteiisch sagt.*
Eine der treffendsten Beschreibungen, wie sich Angst auswirkt, stammt von einem Gastarbeiter und bildete als Zitat den Titel des Fernsehfilms »Angst fressen Seele auf«.
Eine Brutstätte dumpfer Ängste bildet auch die Schule. In einem Roman des dänischen Schriftstellers Hans Scherfig heißt es:

»Mit dem Französischen verhält es sich anders. Man übersetzt ein Stückchen von einem Manne, der ohne seinen Regenschirm von zu Hause fortgegangen ist und der nun vom Guß überrascht wird. Und der Text ist nicht einmal schwer. Aber der Oberlehrer Oremark sitzt stumm und unheilschwanger da. Offenbar ärgert er sich darüber, daß man keine Fehler begeht. Und dann beginnen einige Konversationsübungen, die den Beweis zum Zwecke haben, wie die Franzosen mit der Verneinung umgehen und auf welche Weise ihr ne-pas unter wechselnden

Umständen verwendet werden kann. ›Jörgensen, was heißt auf französisch: Ich nehme meinen Regenschirm mit? und: Ich nehme ihn nicht mit? und: Ich nahm ihn nicht mit? und: Ich will ihn nicht mitnehmen? und: Ich würde ihn nicht mitgenommen haben?‹ Die Fragen jagen sich in rasanter Fahrt. Man darf nicht überlegen. Das wäre ein Zeichen von Unsicherheit und Wackligkeit. Oremark setzt sich vor Jörgensen auf das Pult, und während er fragt, schlägt er mit seinem Schlüsselbund auf die Pultplatte, damit Jörgensen durch den Krach irritiert werde. ›Ich würde den Regenschirm nicht mitgenommen haben? Da es regnete, mußte ich den Regenschirm mitnehmen? Hätte es nicht geregnet, mußte ich dennoch den Regenschirm mitnehmen? Hätte es nicht geregnet, wenn ich den Regenschirm mitgenommen hätte?‹ – ›Kommst Du jetzt? Kommst Du jetzt?‹ ruft Oremark, und jedesmal schlägt er wie wild mit den rasselnden Schlüsseln auf das Pult...«

Der Angstmanipulateur setzt unter Druck, hier unter Zeitdruck. Dann verwirrt er durch Ablenkung, woraus natürlich Ungewißheit entstehen soll. Mit der zunehmenden Ängstlichkeit des Schülers verbreitet sich in ihm das Gefühl der Ohnmacht, er gibt auf. Nun aber ist es Zeit, die gefährlichen Folgen vorzumalen: »Du wirst nie etwas im Leben werden...«, und wenn der Schüler davon überzeugt werden kann, wird er sich *nach diesem Modell richten.*
Angst wirkt schleichend, lähmend, quälend und isolierend. Martin Heidegger meinte, alle Angst sei letztlich Todesangst. Zumindest ist sie Existenzangst mit Ungewißheit und Schulderlebnis, die den Menschen knebelt. Sollen wir den Manipulateuren erlauben, sie für eigennützige Zwecke einzusetzen?

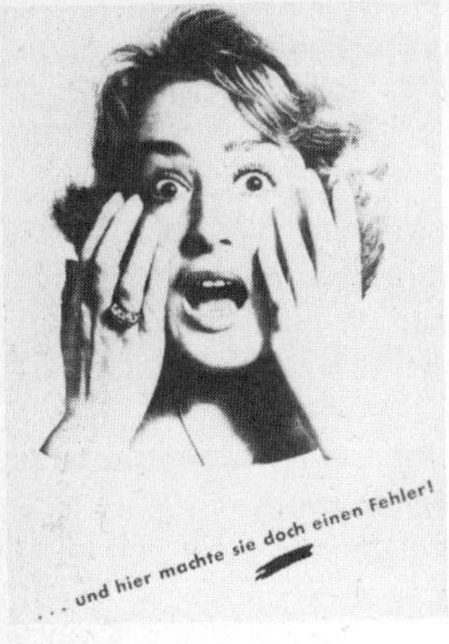

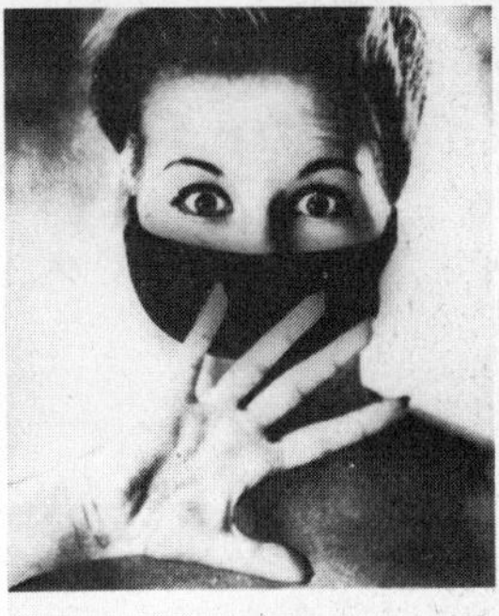

Alarm! Ihre Schönheit erstickt!

Fünf systematische Überlegungen

Der Gefühlsmanipulateur benutzt die Gefühlsanfälligkeit des Menschen, um die verführten Gefühle zur Überdeckung vernünftiger Reaktionen einzusetzen und gleichzeitig eigennützige Ziele durchsetzen zu können. Gegen diese Manipulationsart kann einiges unternommen werden. Dazu fünf systematische Überlegungen:

Mäßigung und Verinnerlichung
Wenn die Gefühle so gefährlich eingesetzt werden können, ließe sich als mögliches Gegenmittel die totale Ausschaltung der Gefühle denken. Aber dieser Weg ist nicht empfehlenswert, denn zum einen ist dies überhaupt nicht möglich und zum anderen ist Gefühl keine abspaltbare seelische Einheit, sondern die Begleitmusik (laut oder leise) aller psychischen Vorgänge. Außerdem ist das Gefühl ein seelischer Reichtum, den man uns viel zu häufig abkaufen möchte. Nicht Beseitigung, sondern Mäßigung und Verinnerlichung der Gefühle ist geboten. Dann sind sie weniger anfällig.

Gefühlsschulung
Früher sagte man dazu Geschmacksschulung, und wir müssen dabei heute eine Fehlanzeige melden. Das liegt nicht zuletzt an den zurückgedrängten Religionen, die früher ein Hort emotionaler Bereicherung waren. An ihre Stelle ist weltanschaulich wenig, in gefühlsbezogener Hinsicht gar nichts getreten. Ausgefüllt wird diese Lücke durch einen Wildwuchs der Gefühle, der für die Manipulateure die geschilderten Chancen erbringt. – Ein erkanntes Manko ist noch keine Lösung, wohl aber ein kleiner Schritt in die richtige Richtung.

Vorbeugung
In der Psychologie gibt es seit einigen Jahren ein Teilgebiet, das man Prävention oder Vorbeugung gegen psychische Schädigungen nennt. Dabei unterscheidet man primäre, die das Auftreten, sekundäre, die die Weiterentwicklung, und tertiäre Prävention, die die Folgen von Störungen verhindern sollen. Im Rahmen dieses aufzubauenden Gebiets ist die Primärprävention der Ort für eine Manipulationsintervention, speziell in der Form der Untersuchung von Gefühlsmanipulationen, der Klärung von Gegenmaßnahmen und so weiter.

Persönliche Reife

Mit der zunehmenden Fragwürdigkeit aller angebotenen großen Weltanschauungen ist auch das angestrebte Menschenbild dieser Geistessysteme verlorengegangen. Der Verlust ist aus heutiger Sicht vielleicht verschmerzbar zu nennen, wenn an seine Stelle ein besseres Menschenbild getreten wäre. So aber ist die »Leerstelle« auch ein Grund, weshalb wir nicht mehr verbindlich sagen können, was eine wirklich reife Persönlichkeit aus heutiger Sicht ausmacht. Für die Gefühlsbeeinflussung hat das Folgen. Nur bei einer gewissen »Reife« ist das Gefühl in das gesamte seelische Leben eingebaut. Es wäre also zu fragen, welche Rolle heute das »Gemüt« spielen sollte, wenn von der Persönlichkeitsseite die Gefühlsmanipulation abzubauen wäre.

Öffentliche Hilfestellung

Die Gefühlsmanipulation des einzelnen kann leichter abgebaut werden als die der großen öffentlichen Institutionen. Die Angstbeeinflussung durch Staat, Parteien, Wirtschaft, Werbung, Verwaltung, Schule kann schwerlich ohne jemanden, der ebenso ein öffentlicher Adresssat ist, reduziert werden. Dieses Problem wird im letzten Kapitel aufgegriffen.

5 Die erdrückende Masse

Spielgemeinschaften

Eine der bedeutendsten Entdeckungen des Menschen über sich selbst wurde buchstäblich auf dem Hühnerhof gemacht. 1922 und danach veröffentlichte der norwegische Psychologe Theodor Schjelderup-Ebbe über das Gemeinschaftsverhalten bei Hühnern eine Untersuchung, die er auf einem Bauernhof gemacht hatte. Sein Aufsatz in der deutschen »Zeitschrift für Psychologie« stieß auf Ablehnung, weil er seine systematischen Beobachtungen an Hühnern ziemlich vermenschlicht zu haben schien. Er begann seinen Aufsatz mit den Worten:
»Wenn man in einen Hühnerhof geht und seine Einwohner beobachtet, wird man die Hühner entweder ruhend oder in Bewegung sehen. Einige Tiere stehen still oder liegen faul ausgestreckt da, während andere in der Erde nach Nahrung scharren, sich im Sand baden, am Gitter hin- und herlaufen, ruhig umhergehen, sich gegenseitig vom Trinkgefäß verdrängen usw. – Wenn man glaubt, daß die Einwohner eines Hühnerhofs gedankenlose, frohe Wesen seien, für die das tägliche Leben eine ungemischte Freude ist und die in Frieden miteinander und unbesorgt um die ganze Welt krähen, Eier legen und fressen, dann ist man auf dem Holzweg. Ein tiefer Ernst liegt über dem Hühnerhof, und die Hennen haben viel Kummer, Ärger und Angst auszustehen.«
Was er entdeckte, war folgendes. Die Hühner rivalisieren nicht wahllos, sondern systematisch (Hühner-Hackordnung). In einer solchen Hühnergemeinschaft ist andauernd festgelegt, welche Hühner andere Hühner hacken, wie sie ihre Macht ausüben, wie das bestimmt wird und welche Vor- und Nachteile sich daraus für die einzelnen Hühner und die Hühnergemeinschaft ergeben.
So wenig verheißungsvoll dieser Beginn war, daraus entwickelte sich trotzdem die weltweit und intensiv betriebene Forschungsrichtung der sogenannten Gruppendynamik. Ihre große Bedeutung für die Erklärung auch des menschlichen Verhaltens wird von keinem Fachmann bestritten, aber in das öffentliche Bewußtsein sind diese Erkenntnisse noch kaum gedrungen. Ebenfalls vergessen wurde ihr Entdecker. In den

dickleibigen, vielsprachigen Lehrbüchern über dieses Gebiet taucht sein Name kaum in irgendeiner Fußnote auf.
Um zu demonstrieren, wie sich eine Gruppe bildet, wurde folgender Versuch unternommen. Einer Gruppe von neun zufällig ausgewählten Personen verschiedenen Geschlechts und unterschiedlichen Alters, die sich vorher kaum oder gar nicht kannten, wurde ein verdecktes Gerät, das sich nach Aufdekkung als Tischfußballgerät entpuppte, mit der Aufforderung, es zu benutzen, angeboten. Nun entwickelte sich spontan ein Spiel. Sofort übernahm eine jüngere männliche Versuchsperson die Führerrolle, teilte die Spieler ein und begann das Spiel. Ein älterer Teilnehmer war überzählig und stand als Außenseiter etwas verloren daneben. Die anderen Spieler übernahmen bestimmte Rollen: Der eine klärte die anderen über das Spiel auf, ein anderer animierte zum Spiel, jemand bezeichnete sich als »guten Verlierer«, und andere bestätigten durch lauten Jubel gekonnte Leistungen. Im Verlauf des Spiels wechselte der Anführer seinen Platz und übergab ihn dem Außenseiter. Nun entwickelte sich daraus eine merkwürdige Spielkrise. Der ursprüngliche Außenseiter spielte sich (in der wahren Bedeutung des Wortes) zum Anführer auf. Das bewegte seinen Nachbarn zu der Feststellung: »Nun habe ich keine Lust mehr.« Darauf übernahmen die spielbegeisterten Teilnehmer seine Wiedereingliederung, und alsbald spielten alle wieder. Nur der erste Anführer umrundete die Gruppe, griff dirigierend da und dort in das Spiel ein, betätigte sich selbst aber nicht mehr. Fast wie in einem Lehrbuch kann man aus der Beobachtung einer solchen Gruppe die Ordnungsregeln einer Gruppenentwicklung herauslesen.

Da erkennt man zuerst die Rangordnung, ausgeprägt durch die beiden Eckpositionen des Anführers und des Außenseiters. Die Rollenordnung ist gekennzeichnet durch die freiwillige oder verfügte Übernahme bestimmter Funktionen: die Rollen der Informanten, der Animatoren, des Gruppenkaspers, des Bestätigers fremder Erfolge, der Kritiker ... Die Kontaktordnung, also die Festlegung, auf welcher Ebene und in welcher Weise man sich verbal oder ohne sprachliche Mittel begegnet und austauscht, war hier sehr stark durch das Spielgerät bestimmt. Auch im sonstigen Leben geben in diesem Punkt die Situationsbedingungen den Ausschlag. Die Regelordnung meint hier zwar die Einhaltung der Spielregeln, aber auch sonst herrschen in jeder Gruppenbildung alsbald ungeschriebene Verhaltungsanordnungen, wie man dies und das machen muß, beispielsweise nach welcher Regel die Arbeit verteilt wird. Als letzte wichtige Ordnung nennen wir die Zielordnung. In dem

Neun Menschen treffen für ein Experiment zusammen. Vorher haben sie sich nicht oder nur flüchtig gekannt. Ihre Aufgabe: Tischfußball, Beschäftigung irgendwie.
In wenigen Augenblicken haben sie sich um das Gerät gruppiert und spielen.
Die Gruppe bildet sich, ganz »normal«, zwangsläufig, wenn auch wenig auffällig für den ungeschulten Beobachter: Anführer, Animierer, Informant, Bestätiger, Kritiker, Außenseiter, sogar mit versteckten Rivalitäten. Jeder übernimmt eine »Rolle«.
Man entwickelt auch eine eigene Spielregel, etwas weniger ernst als die allgemein übliche: Spieleraustausch, keine »Erfolgsbilanz« etc.
Wo Menschen miteinander Kontakt aufnehmen, bilden sich Gruppen. Wer Manipulationen durchschauen will, sollte diese Voraussetzungen für Gleichschaltungsmanipulationen kennenlernen.

anschließenden Gespräch über das Spiel äußerte der Anführer: »Hier haben wir nur herumgealbert, aber wenn das Profis spielen, wird um jeden Punkt verbissen gekämpft.«
Das sind nicht alle Aspekte, aber die wichtigsten Ordnungsgesichtspunkte einer sich entwickelnden Gruppenbildung. Das Wichtige für unsere Thematik ist die Tatsache, daß es offensichtlich eine Reihe von Gesetzmäßigkeiten gibt, wie sich Gruppenbildungen gestalten und wie sie das Verhalten der Gruppenteilnehmer prägen. Wir sind also im mitmenschlichen Zusammenhang nicht nur, was wir von Herkunft und Charakter aus uns selbst sind, sondern auch, was die Gruppe aus uns formt. Je besser die Psychologie diese Gruppengesetzmäßigkeiten im Lauf der Jahrzehnte seit Schjelderup-Ebbe erkannt hat, desto deutlicher wurde, wie weitgehend wir in unserem Verhalten auch ein Produkt der Gruppen sind, denen wir kurzfristig, und noch mehr langfristig, angehören.
Welches Kapital schlagen die Manipulateure aus diesen sozialpsychologischen Gesetzmäßigkeiten? – Sie entdecken darin den Konformitätsdruck der Gruppe, den sie insgesamt für eine Art Gleichschaltung der Gruppenmitglieder ausschöpfen. Je nach Schwergewicht auf eine der genannten Ordnungsregelungen können sie dadurch Menschen unmerklich in ihrem Verhalten dirigieren.

Übernahme von Rollen

Ein Autofahrer hält vor einem Zebrastreifen. Da treffen sich gerade zwei Frauen auf der Fahrbahn, sie begrüßen sich mit Hallo, danach schlendert ein Fußgänger langsam über den Fußgängerweg. Der Autofahrer, ungeduldig, murmelt: »Absichtlich langsam machen die Fußgänger.« Wenige Minuten später rangiert er seinen Wagen in eine Parklücke, steigt aus und überquert den Fußgängerweg – ein Auto kommt angeschossen und bremst mit quietschenden Reifen vor ihm. Voll Ärger hebt er den Finger und murmelt: »Immer diese Verkehrsrowdies.«
Nicht nur zwei Situationen, sondern auch zwei *Rollen* veränderten seine Reaktionen. In seiner Rolle als Autofahrer sind die Fußgänger schuld, in der Rolle des Fußgängers sind es die Autofahrer. Dieser Einstellungswechsel kennzeichnet, was es mit den Rollenfunktionen auf sich hat. Mit der Rolle ändern wir die Blickrichtung, unser Verhalten wird umgeprägt, denn mit

Die gruppierte Gesellschaft weist Rollen zu. Und der einzelne übernimmt die Rolle und spielt sie, auch mehrere, verschiedene, gleichzeitig oder nacheinander.
Für den Autofahrer sind die Fußgänger »die anderen«, die immer wieder den rollenden Verkehr stören.

Steigt er aus und wird er somit selbst zum Fußgänger, sind die Autofahrer »die anderen«, die ihn durch ihr rücksichtsloses Fahren gefährden, vor denen er sich hüten muß.
Ohne es vielleicht selbst wahrzunehmen, übernimmt man in jeder Situation irgendeine Rolle mit bestimmten Verhaltensnormen.

Es scheint eine Selbstverständlichkeit zu sein, daß ein sogenannter »Vorgesetzter« seine sogenannten »Untergebenen« beschimpfen darf. Wieso eigentlich? An sich kommt man doch mit vernünftiger Klärung viel weiter.
Und vom Wert der Persönlichkeit her (und oft genug auch von der fachlichen Kompetenz her) besteht meistens keinerlei Grund für eine solche Über- und Unterordnung.
Aber die Gesellschaft hat die Rolle des Chefs mit dem Recht des Schimpfens versehen, und der »Untergebene« wird in die Rolle des Gedemütigten gezwungen.
Und warum läßt er sich das gefallen?
Er wurde so erzogen, auch widersinnige und nachteilige Rollen zu übernehmen.
Und der Manipulateur hat ein leichtes Spiel. Er braucht die Rollen nur anzumahnen oder auch mal geschickt neu zu umschreiben.

der Blickrichtung haben wir immer auch das entsprechende Rollenverhalten parat. Wenn man uns einmal unauffällig filmen würde, wären wir sicher überrascht, wie unterschiedlich wir uns in der Familie, in der Firma oder im Urlaub verhalten. Wir würden wie völlig verschiedene Menschen wirken. Was heißt das nun für die Manipulateure? – Ihr spezielles Konzept für die Untergruppe Rollenmanipulation (im Rahmen der hier behandelten Gleichschaltungen) lautet: Offeriere jemand ein Rollenbild und du hast auch sein Verhalten mitprogrammiert. Daraus entwickelte man zwei Techniken. Die eine besagt, daß man den Leuten Angst vor Negativrollen machen und ihren

Wunsch nach Positivrollen wecken kann. Die zweite, die wir im nächsten Abschnitt erörtern, umschreibt die Manipulierbarkeit der Rollenmoral.
Zum ersten Punkt. Denken wir an den Hühnerhof von Schjelderup zurück. Die rangniedrigen Hennen wurden nicht nur vom Futter weggehackt, sondern sie hatten auch andere Nachteile, beispielsweise hatten sie auf den Sitzsprossen die unteren Plätze inne, auf denen sie bekleckert wurden. Außerdem war ihr Auslauf beengter, sie hatten die unattraktivsten Sexualpartner beziehungsweise wurden auch beim Sexualverkehr benachteiligt. Es ist also wirklich miserabel, ein Rangniederer zu sein.
Ganz schlimm wird es in jenen Menschengruppen, wenn man auch noch Außenseiter ist. Dann ist man der *Prügelknabe* für alle Mißlichkeiten in der Gruppe; man gerät in die Gefahr, daß einem die Ursachen für alle Gruppendefekte in die Schuhe geschoben werden. Kein Wunder also, wenn tief in uns die Sorge steckt, einmal Außenseiter werden zu können.
Dagegen lieben wir es, wenn uns ein hoher Rang vorgegaukelt wird. In der Kunstgeschichte nennt man den auffälligen Größenunterschied in einem Tafelbild beispielsweise zwischen einem groß dargestellten Heiligen und dem kleinen Stifterfigürchen den Bedeutungsmaßstab. In unserem Alltag ist der Bedeutungsmaßstab der Menschen zumeist nicht abschätzbar. Es gibt im Grund keine sichere Aussage, wer mehr oder wer weniger wert ist: ein Anlaß, uns um so leichter an der Nase herumführen zu können.
Nehmen wir zwei Werbebeispiele für diese konträren Rollenmanipulationen. In einer Werbung wird gefragt: »Werden auch Sie einmal keinen Anklang mehr finden?« Eingebaut in diese Suggestivfrage ist die Aufforderung zum Kauf eines Haarpfle-

gemittels. Neben dieser Ansprache der Sorge vor dem Außenseitertum wird in einer anderen Werbung mittels Bedeutungsmaßstab geworben: Die Bezugsperson überragt das Umfeld. Dadurch soll dem »Aufsteiger« suggeriert werden, wie groß er sich durch den Genuß des Branntweins fühlen kann.
Das Prinzip der Manipulateure ist also klar: Sie versuchen, aus dem Hintergrund an unseren unsichtbaren Fäden zu ziehen, und hoffen, daß wir wie die Marionetten Arme und Beine nach ihren Wünschen bewegen. Mittel hierfür ist auch das Rollenbild, sowohl das negative Bild, dem wir angeblich entrinnen, wenn wir nur die gewünschte Wahl treffen, wie das positive, das uns vorgeblich nur der Manipulateur verschaffen kann. Solche »Methoden« gibt es nicht nur in der Werbung. Wenn man das Prinzip erkannt hat, entdeckt man seine »Benutzer« überall wieder.

Sei kein Spielverderber

Jeder Mensch gehört mindestens einem Dutzend Gruppen an, die meisten sogar wesentlich mehr. Bei den Gruppenbildungen unterscheidet man dabei drei wichtige Sorten: Verlaufsgruppen, Bestandsgruppen und Bezugsgruppen.
Die Verlaufs- oder Fluktuationsgruppen sind Zufallsgruppierungen von kürzerer Dauer, beispielsweise bilden sich nach größeren Verkehrsunfällen zufällige Ansammlungen, die schon relativ schnell Gruppenmerkmale (Rollen, Ränge, Regeln ...) aufweisen.

Die Bestandsgruppen (akute Kleingruppen, auch Angesicht-zu-Angesichtgruppen oder Primärgruppen genannt) unterteilen sich in gewachsene (zum Beispiel die Familie) und geschaffene (zum Beispiel die Arbeitsgruppe).
Die Bezugsgruppen (Sekundärgruppen) rekrutieren sich aus den erlebten Zugehörigkeiten, denen jeder zuzurechnen ist: beispielsweise zur Bezugsgruppe der Deutschen, der Bezugsgruppe der Angestellten, der Berliner, der Städter... Die drei Sorten bilden zusammen gleichsam einen Baukasten, mit Basissteinen, Säulen und Verzierungen. Weil die Zusammensetzung der Gruppenteilnahme zumeist so kompliziert ist, übersehen wir leicht die Tatsachen, die sich daraus für unser Verhalten ergeben.
Jede intakte Gruppierung, gleich welcher Sorte, schreibt bestimmte Regeln für »Anstand, Sitte und Moral« vor, denen wir uns anpassen, wollen wir nicht zu Außenseitern gestempelt werden. Diese Spielregeln sind nicht nur Handlungsanweisungen, sondern Übereinkünfte und Festlegungen des Benehmens und der Schicklichkeit. Wer sich ihnen nicht beugt, gilt als unkultiviert, würdelos oder sogar als amoralisch.
Das geschieht zumeist in drei Schritten. Zunächst soll man an die Lebensstile gewöhnt werden: »Du als... mußt doch...« Danach wird die Haltung und Gesinnung festgelegt: »Man zieht sich so nicht an...!« Schließlich folgt die sogenannte Elitierung, das heißt die sittliche Absetzung gegen die Andersartigen: »*Wir* benutzen keine Kraftausdrücke!«
Wie streng die Bräuche sind, erlebt der, der gegen sie offenkundig verstößt. Häufig fällt uns diese Strenge nur deshalb nicht auf, weil wir eben vielen Gruppierungen angehören, deren Sitten sich widersprechen oder aufheben. So wie wir Produkte vieler Persönlichkeitszüge sind, sind wir auch Produkte vieler Etikettenzüge, aus denen die »Kultur« unseres Benehmens erwächst.
Schon früh von Kindesbeinen an kennen wir die Entrüstung über unsere Entgleisungen aus den Fahrbahnen der Gruppennormen. Man hat uns zumeist erfolgreich beigebracht, wie schmerzhaft die Gewissensbisse bei schlechtem Benehmen sind.
Von dieser Erkenntnisstelle hört es sich anders an, wenn uns die wirtschaftlichen, politischen, weltanschaulichen, erzieherischen Manipulateure zurufen: »Sei kein Spielverderber«, »Hunderttausende haben... gekauft, und Sie zögern noch?«, »Es war schon immer etwas teurer, einen besonderen Geschmack zu haben.«

Wenn in einem Betrieb ein neuer Chef kommt, der sich von seinem Vorgänger durch eine besonders distinguierte Kleidung unterscheidet, kann man getrost eine Wette eingehen: In kürzester Zeit werden alle, die beim neuen Chef Eindruck machen wollen, ebenso distinguiert gekleidet daherkommen.
Niemand braucht etwas zu sagen, jeder manipuliert sich selbst.
Die Manipulationsbereitschaft gegenüber dem gesellschaftlichen Druck, dem »Konformitätsdruck«, ist immens.

Was es aber im Extrem mit dem Druck einer aktiven Gruppe auf sich hat, wurde von dem amerikanischen Psychologieprofessor Zimbardo in aller Deutlichkeit dokumentiert. Der dabei entstandene Film stand für die Sendereihe »Manipulation – und wie man ihr entkommt« zur Verfügung und wurde in Ausschnitten vorgeführt. Zimbardo ließ seine Studenten in aller Realität das Thema Gefängnis durchspielen und teilte sie für den Versuch in zwei Gruppen ein. Die einen übernahmen

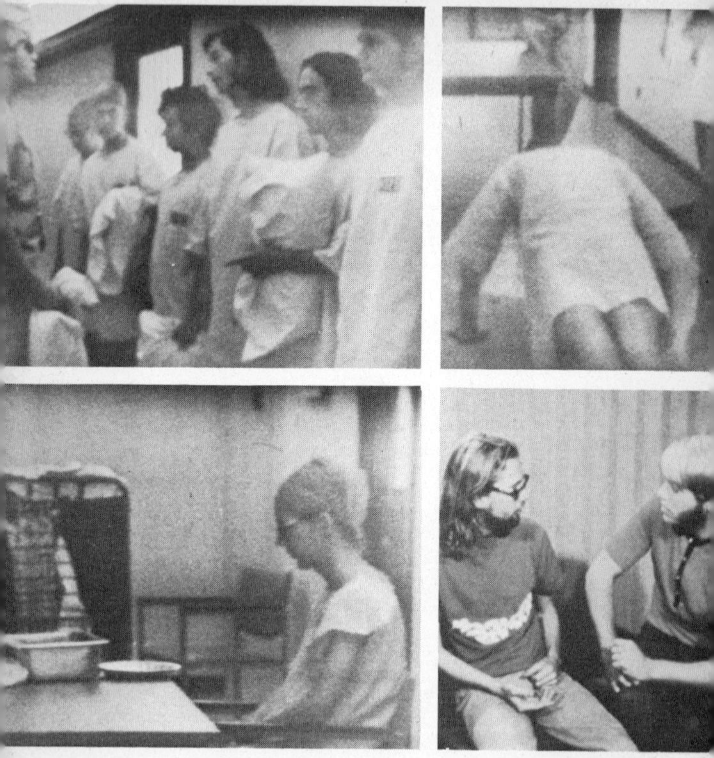

Das Zimbardoexperiment: Eine Studentengruppe wird eingeteilt in Strafgefangene und Gefangenenwärter. 14 Tage sollten alle diese Rollen spielen. Schlagen war nicht erlaubt, nur die »normalen Kommißmethoden«.
Nach fünf Tagen mußte abgebrochen werden.
Eine versteckte Kamera beobachtete:
Die »Wärter« erfinden immer neue Schikanen.
Vor allem gelingt es ihnen, alle »Häftlinge« gegen einen Außenseiter zu hetzen, der in seiner Rolle seine Persönlichkeit zu bewahren versucht.
Nachher sagt er seinem Schinder: »Es bedrückt mich, daß du ein solches Monstrum werden konntest.«
Die Bereitschaft, Rollen zu übernehmen, kennt keine Grenzen, auch keine moralischen. Es braucht viel Persönlichkeit und Charakter, um nicht von einer Rolle verführt zu werden.

die Rolle der Wärter über die anderen, die die Gefangenen spielten. Die Gefangenen wurden realistisch in Handschellen von einer Polizeistreife aus ihrer Wohnung abgeführt, im

Gefängnis erkennungsdienstlich behandelt, das heißt, die Fingerabdrücke abgenommen, fotografiert usw.; sie mußten sich entkleiden und erhielten Gefängniskluft; schließlich kamen sie in Isolierzellen.
Mit versteckten Kameras wurde nun unwissentlich gefilmt, wie sich die Gefangenschaft auf Wärter und Gefangene auswirkte. Allmählich identifizierten sich die Versuchspersonen mit ihren Rollen – bis auf einen Gefangenen, der seine Individualität der Gefangenenrolle nicht opfern wollte. Dann wurde gezeigt, wie sich die anderen Gefangenen von diesem Außenseiter distanzierten, ihn beschimpften und letztlich für die Verschlechterung ihrer Situation in den Zellen verantwortlich machten. Die Wärter konzentrierten sich in bösartigen Quälereien auf diesen einzelnen Gefangenen. Das ging soweit, daß das für zwei Wochen geplante Experiment nach fünf Tagen abgebrochen werden mußte, weil der Versuchsleiter um die Gesundheit des Außenseiters fürchten mußte. – In der anschließenden Diskussion sagte dieser dem ihn am meisten quälenden Wärter-Studenten: »Es bedrückt mich, daß du in so kurzer Zeit ein solches Monstrum werden konntest. Ich kenne dich doch, du bist ein netter Kerl.« Worauf der andere zurückfragte: »Was hättest du denn an meiner Stelle getan?« Die Antwort des Gequälten: »Ich weiß es nicht... ich weiß es nicht.«

Von der Gruppe zur Masse

Die Gruppe prägt den Menschen, aber nicht nur die Gruppe. Wir alle gehören hin und wieder auch noch anderen größeren Zusammenschlüssen an: auf Sportplätzen, in Veranstaltungen, bei Umzügen, bei Aufläufen und sonstigen großen Ereignissen. Wo endet der Gruppenzusammenhang und geht in die Massensituation über? Die Gruppe beginnt bei zwei Personen. Für ihr Ende gibt es keine festlegbare Zahl von Personen, etwa wenn jemand behaupten würde, ab vierzig Personen begänne die Masse. Die Trennlinie ist anders zu ziehen, und zwar von den Gruppenmerkmalen her. Sobald diese Gruppenmerkmale in wesentlichen Punkten zusammenbrechen, kann man von einem Umschlag aus der Gruppenform in die Massenform sprechen.
Ein Beispiel. Eine Schülermannschaft spielt Fußball. Anfänglich geht es sehr geordnet zu, die Positionen der Stürmer, Verteidiger, des Torwarts werden eingehalten, die Regeln befolgt. Aber bei Zehnjährigen ist das problematisch. Im

Drang des Spiels laufen sie plötzlich alle hinter dem Ball her. Sozialpsychologisch gesprochen hat man die Rang- und Rollenfunktionen aufgegeben, die Spielregeln des Fußballspiels verblassen: Aus der Gruppe ist eine Masse geworden – ohne daß sich die Zahl der Mitspieler verändert hätte.
Über die Gesetzmäßigkeiten der Gruppendynamik haben wir gesprochen, ebenso darüber, wie sie manipulatorisch nutzbar gemacht werden. Wesentlich weniger wissen wir von der *Massendynamik,* weil sich Massenexperimente im Gegensatz zu den Gruppenexperimenten verbieten. Aber aus Beobachtungen lassen sich einige noch nicht wissenschaftlich bestätigte Gesetzmäßigkeiten der Massendynamik vermuten. Massen dürften nicht nur von der Menge der Anwesenden her gekennzeichnet sein, sondern mit der Masse sind auch vier oberste (neben weniger wichtigen) Merkmale gegeben, wenn sie als *echte* Massen bezeichnet werden dürfen: der Massenkontakt, die Ausrichtung der Masse, der Gleichklang der Masse und ihre innere Beziehung.
Der Massenkontakt, also die *körperliche* Nähe zahlreicher Menschen, schließt aus diesem Kreis die unechten Massen der Massenmedien aus. Einzelne Fernsehsendungen haben zwar ein nach Millionen zählendes Publikum, aber nur als Beifügung getrennter Zuschauergruppen. Diese »Masse« bleibt also ein Mittelding zwischen Gruppe und Masse.
Mit dem Körperkontakt ist ein zweites massendynamisches Merkmal gegeben. Die Masse befindet sich in einem *ausgerichteten* Zustand. Wir trennen also das hin- und herfließende Gewimmel im Passantenverkehr von der im echten Sinn agierenden Masse. Allein die Anhäufung in einem Gedränge macht noch keine Aktionsmasse aus. Die anwesende Masse hat einen Brennpunkt: entweder einen Star oder ein anderes Blick- oder Handlungszentrum. Masse und Zentrum gehören zusammen, zwischen ihnen besteht ein polarer Spannungszustand.
Drittens gehört zu den massendynamischen Merkmalen der *Gleichklang.* Die Masse trägt den einzelnen emotional, er fühlt sich aufgehoben und von den Hemmungen, denen er alleinstehend unterliegt, befreit. Das macht die sogenannte Enthemmung oder Hemmungslosigkeit der Aktionsmasse aus.
Schließlich, viertens, erlebt der Mensch in einer agierenden Masse eine merkwürdige Form gleichmachender *Beziehungen,* die sich in einer Intensivierung von Erlebnissen und einer Erweiterung von Handlungsmöglichkeiten bestätigt. Der Mensch in der Masse reagiert in gewisser Weise einem Vogel in

Menschen als Masse.
Nicht die Zahl macht die Masse, sondern der Zerfall der Gruppenstruktur und die unterschiedslose Ausrichtung aller. Die Masse braucht ihren Brennpunkt, den »Star«.
Aber auch umgekehrt braucht der Star die Masse. Wenn er auch meistens froh ist, nicht so zu sein wie die Masse, muß er doch gelegentlich in sie »eintauchen« können.
Doch vom »Einswerden« kann keine Rede sein. Er geht nicht unter, die Masse trägt ihn wie einen Schwimmer. Und das Gefühl, Brennpunkt der Masse zu sein, tut ihm wohl, stärkt sein Selbstbewußtsein, und das steigert wiederum seine Wirkung auf die Masse.
Stars aufzubauen, bedeutet Massenmanipulation.

einem fliegenden Vogelschwarm vergleichbar, der sich auf unmerkliche Einflüsse mal hierhin mal dorthin wendet.
Die meisten Menschen haben solche Massenerlebnisse gehabt. Erstaunlicherweise sind sie nicht unangenehm. Gelegentlich können Menschen regelrecht süchtig danach werden. Während die meisten Gruppenteilnehmer ein gewisses Maß an Selbstaufgabe erleben, gibt es in der Masse nur Kooperation, denn alle machen dasselbe oder fast dasselbe. Es braucht sie niemand zu stimulieren, sie sind stimuliert, sobald sie Glied der Masse sind.
Daraus ergeben sich die Möglichkeiten der Massenmanipula-

tion: Je mehr Menschen, desto bessere Manipulationsmöglichkeiten! In der Masse wird der einzelne scheinbar (häufiger auch faktisch unüberführbar) von Verantwortung freigesetzt, seine Urteilszwänge schwinden bei gleichzeitiger Steigerung der Leidenschaften. Das Volk leidet und jauchzt auf einen Mittelpunkt hin. Wer diesen Mittelpunkt (den Star oder die Gruppe) beherrscht, beherrscht auch die Masse. Es kommt also für den Manipulateur darauf an, die Thematik der Zentralfiguren (deren Popmusik, Wahlthematik, Ideologie) in den Griff zu bekommen und ihre Stoßrichtung zu bestimmen beziehungsweise ihre Richtung zu verändern. Die Masse wird dann fortgerissen und in ihrer Idolbejubelung oder Feindbedrohung oder mit beidem gleichzeitig überschwemmt. Aber ist das »Idiotie« zu nennen, wie es Goebbels nach seiner eigenen Sportpalastrede getan haben soll?

Rezepte für Fürsten

Im ersten Buch der Massenpsychologie, verfaßt im Jahre 1895 von Gustave Le Bon, steht ein interessantes Erlebnis des Verfassers über die Reaktion aufgeregter Massen:

»Eine Beobachtung machte ich während der Belagerung von Paris an dem Tage, an dem ich den Marschall V. nach dem Louvre, dem Sitz der damaligen Regierung, bringen sah, weil eine wütende Volksmenge ihn dabei überrascht haben wollte, als er den Festungsplan entwendete, um ihn den Preußen zu verkaufen. Ein Regierungsmitglied, G. B., ein berühmter Redner, trat heraus, um eine Ansprache an die Massen zu halten, die die unverzügliche Hinrichtung des Gefangenen verlangten. Ich erwartete, der Redner werde die Unsinnigkeit der Beschuldigung durch die Feststellung beweisen, daß der angeklagte Marschall ausgerechnet einer der Konstrukteure der Befestigung sei, deren Plan man übrigens in allen Buchhandlungen kaufen konnte. Zu meiner großen Verblüffung – ich war damals noch sehr jung – lautete die Rede ganz anders: ›Dem Recht wird Genüge geschehen‹, rief der Redner, indem er auf den Gefangenen zuging, ›wird in unerbittlicher Weise Genüge geschehen. Laßt die Regierung der nationalen Verteidigung eure Sache durchführen; und einstweilen werden wir den Angeklagten einsperren.‹ Durch diese scheinbare Genugtuung besänftigt, zerstreute sich die Menge, und der Marschall konnte schon nach Verlauf einer viertel Stunde seine Wohnung aufsuchen. Sicherlich wäre er totgeschlagen worden, wenn sein Verteidiger der wütenden Menge die logischen Beweisgründe vorgehalten hätte, die meine große Jugend sehr überzeugend fand.«

Man kann dies ein Urerlebnis nennen, das die Grundhaltung Le Bons und mit seinem sehr erfolgreichen Buch auch für längere Zeit die neue Wissenschaft von der Massenpsychologie bestimmt hat. Es ist aber zweifelhaft, ob Massen »idiotisch« sind, so daß sie ein Massenmanipulateur auf Dauer und ohne zusätzliche Anstrengung für dumm verkaufen kann.

Massen reagieren zwar im Vergleich zum Individuum unterschiedlich, aber das hat andere Gründe als die der Intelligenz. Der fälschliche Eindruck rührt daher, daß sich in einer Zuschauermasse oder in einer demonstrierenden Menge oder in einer panisch erschreckten Ansammlung nur wenig an psychischer Reaktion artikulieren kann. Der Gefühlsausdruck dringt stärker durch. Die Masse als Gesamtheit ist außerdem erfahrungsloser als das Individuum mit seiner langen Lebensgeschichte, weil die jeweilige Zusammensetzung der anwesenden Masse zufällig und kurzfristig ist und sich unterschiedliche Erfahrungen in der Masse nur durch komplizierte interne Kommunikationen verbreiten ließen. In der Menge der Gesamtbevölkerung verschwindet die Spezialbegabung; es potenziert sich das, was alle aufweisen. Die Fähigkeit, Differentialgleichungen aufzulösen, ist selten, dagegen das Verlangen, die Kleinen siegen zu sehen, allgemeinmenschlich: Es ist der Masse als Regung angemessener.

Auch bei den Interessen ist es ähnlich. Massen müssen anders charakterisiert werden als Individuen. Unter diesen Aspekten sind wir noch kaum in der Lage, Massen in der Beurteilung gerecht zu werden.

Der heute vorgebrachte Groll gegen »die Massen« beruht zumeist auf Enttäuschungen oder Mißverständnissen. Der Begriff Masse wird nicht nur auf präsente Massen angewandt, sondern auch auf die Bevölkerung, auf *alle* schlechthin: auf die *anonyme* Masse. Bei ihr steht es anders. Hier fehlen der Körperkontakt, die internen Beziehungen; nur abgeschwächt vorhanden sind die Ausrichtung und der Gleichklang der Masse. Von unseren vier Bestimmungen fehlen also zwei gänzlich und zwei teilweise. Ersetzbar sind diese Merkmale – mit Einschränkungen – durch die Massenmedien. Sie bilden die nicht vorhandenen Brücken zwischen den Gruppen – allerdings

nur dann, wenn sie monopolartig in Erscheinung treten, wie beispielsweise die Presse in Diktaturen, das Fernsehen, als es nur einen Sender gab, und in manchen Landstrichen die Boulevardpresse. Dann gibt es gelegentlich Einheitsreaktionen, die aber nie die Gleichschaltung anwesender (präsenter) Massen erreichen können.
Trotzdem werden diese Massen weidlich verachtet. Man vergißt dabei, daß jeder von uns, auch der größte Individualist, ebenfalls ein Glied dieser Masse ist, denn es gibt zahlreiche Gebiete, auf denen wir weder über Erfahrung noch Meinung verfügen und über die wir dennoch befragt werden können. Dann plappern wir eben das immer wieder Gehörte nach. Dieser Umstand ist in Anbetracht unserer begrenzten Informations- und Gedächtnismöglichkeiten unumgänglich.
Die Verachtung der Bevölkerung hat Tradition. Die radikalste stammt von dem Florentiner Nicolo Machiavelli, der seinem Groll über seine 1512 erfolgte Vertreibung aus seiner Vaterstadt in bösen Ressentiments Luft machte:

»Ein mächtiger und mutiger Fürst wird stets alle Schwierigkeiten überwinden, indem er den Untertanen bald Hoffnung einflößt, daß das Unglück nicht von langer Dauer sein wird, bald Furcht vor den Grausamkeiten des Feindes, dann sich wieder geschickt derer bemächtigt, die ihm zu kühn erscheinen. Ein kluger Fürst muß es so einzurichten verstehen, daß seine Bürger stets und in jeder Lage den Staat und ihn selbst nötig haben: Dann werden sie stets treu sein. Denn mag einer noch so stark sein durch Heeresmacht, so braucht er doch stets die Gunst der Einwohner. So muß er zu geeigneter Zeit das Volk durch Feste und Schauspiele unterhalten. – Das schlimmste, was der Fürst von einem feindlich gesinnten Volk zu gewärtigen hat, ist, daß es ihn im Stich läßt. Der Fürst muß zwar immer mit demselben Volk leben, wohl aber kann er ohne deren Große auskommen. – Herrscht nach außen Frieden, so besteht von seiten der Untertanen nur die Gefahr, daß sie sich insgeheim verschwören. Hiergegen sichert sich der Fürst am besten, wenn er sich vor Haß und Verachtung hütet und das Volk zufriedenstellt. Gewalttaten muß er alle auf einmal begehen, damit sie weniger empfunden werden und dadurch weniger erbittern. Wohltaten dagegen muß er nach und nach erweisen, damit sie nachhaltiger wirken.«

Solche Zynismen stoßen bei Menschenverächtern auf Beifall. Aber kommen sie wirklich auch zum Tragen?

Würden sie uneingeschränkt gelten, wäre die Demokratie doch wohl eine ziemlich unnatürliche Staatsform. Das Volk würde lediglich das Handlungsobjekt darstellen, das nur in der Funktion als jubelnde oder schweigende Masse, nicht aber als Gesprächspartner, auch wenn man von ihm gewählt werden möchte, gefragt ist. Reale Demokratie macht erforderlich, daß die Staatsmitglieder zu mündigen Bürgern gemacht werden. Häufig geschieht das Gegenteil. Gegenwärtig werden von einzelnen Parteikommissionen Anstrengungen unternommen, wie die eigene Partei ihr Image mit bestimmten Floskeln aufbessern kann. Manipulationen sind wieder läßliche Sünden, für einige gehören sie sogar zum selbstverständlichen politischen Repertoire.
Wie kommt Massenmanipulation zur Anwendung? – Die Massenmanipulation ist kein einfaches Gebiet. In verschiedenen Bereichen hat sie sich zu einem generalstabsmäßig betriebenen Fachgebiet mit Experten und Strategien entwickelt. Wir greifen drei Bereiche heraus: die ökonomische, die politische und die sektiererische Massenmanipulation.
Die ökonomische Massenmanipulation stammt aus den USA und wird dort nach der Definition von N. H. Borden *Marketing-Mix* genannt und umfaßt in der Kombination alle Förderungsmaßnahmen zur »Erreichung von Grenzerlösen.« Sechs Schwerpunktthemen werden geplant und in Handlungsanweisungen für Mitarbeiter umgesetzt: 1. Produktgestaltung, 2. Absatzorganisation, 3. Marktanpassung, 4. Beeinflussung des Kaufverhaltens, 5. Einwirkung auf das Verkaufspersonal, 6. Öffentlichkeitsarbeit oder Public Relation.
Wie kann man durch Produktgestaltung zum Mehrverbrauch verführen? Das fragte eine Körperpuderfirma einen Experten, und dieser gab in seinem Forschungsbericht zur Antwort: Indem die Löcher in den Puderdosen größer gemacht werden! Die Firma fühlte sich veräppelt und wollte die Untersuchung nicht bezahlen. Vor Gericht wurde nachgewiesen, daß dies tatsächlich zur Umsatzsteigerung führte. Der Untersucher gewann den Prozeß. Vielleicht ist auch der Hinweis eines anderen Manipulateurs befolgt worden, wonach die Dosendeckel nicht zu fest verschließbar hergestellt werden sollten, so daß der Deckel gelegentlich bei heftigem Schütteln abfällt und dabei Puder verstreut wird...
In ähnlicher Weise werden auch die anderen Schwerpunktbereiche mit Manipulationsanweisungen gespickt. Für die Absatzorganisation kann es beispielsweise effektiver sein, mit Verkaufskolonnen wie den berüchtigten Abonnentenwerbern

für Zeitschriften zu arbeiten, denen man jeweils zutreffende Lebensläufe (früher als Flüchtlinge, heute als Studenten oder als Gefängnisentlassene) verpaßt.
Die Marktanpassung und die Kundenbeeinflussung beschäftigen sich beispielsweise mit momentanen Situationen, zum Beispiel soll auf Gehaltserhöhungen im öffentlichen Dienst schnell reagiert werden. Die Einwirkungen auf das Verkaufspersonal werden nicht zuletzt im Rahmen von Überwachung und Disziplinierung vorgenommen. Die Öffentlichkeitsarbeit schließlich umfaßt beispielsweise die »Bearbeitung« von Aktionären, Gemeinden, Presse, Rundfunk, Fernsehen.
Mit diesem letzten Punkt, der Öffentlichkeitsarbeit, verbindet sich das zweite Beispiel: die politische Massenmanipulation. Auch hier fassen wir sechs Schwerpunkte zusammen: 1. die Medienstreuung, 2. die Anpassung an das geistige Fassungsvermögen, 3. die Vertrauensbeeinflussung, 4. die Eingriffe in die Denkabläufe, 5. die Verbreiterung der Resonanz in der Bevölkerung und 6. die Erschließung neuer Taktiken und Aktionsstrategien. Die meisten Punkte sind in die anderen Kapitel in Beispielen eingeflossen. Lediglich die Punkte eins und sechs müssen ergänzt werden.
Die Medienstreuung ist eine wichtige Überlegung. Sie beantwortet die Frage, über welche Wege man die meisten Menschen beziehungsweise die sogenannten Multiplikatoren erreichen kann, die dann ihrerseits wiederum ihre Umgebung im eigenen Sinn gut beeinflussen können. Jeder Einwirkungsweg, zum Beispiel über Fernsehen, Wahlversammlung oder Zeitungsannonce, hat seine eigenen Wirkungsgesetze, die jeweils optimal auszunutzen sind.
Die Erschließung neuer Taktiken der Aktionsstrategie haben beispielsweise die aufrührerischen Studenten der späten sechziger Jahre betrieben. Für Demonstrationszüge haben sie das Unterhaken der Teilnehmer praktiziert, die Gleichschrittform in verschiedene Laufschrittformen abgewandelt, Blumen an Polizisten verteilt, bei Abstimmungen in Versammlungen so lange geredet, bis die widerstrebenden anderen Teilnehmer, die zumeist am nächsten Morgen wieder zur Arbeit mußten, müde nach Hause gingen und die »Wahl« dann unter Gleichgesinnten stattfinden konnte.
Die Bildung von sogenannten Jugendsekten hat die Öffentlichkeit und die betroffenen Eltern in letzter Zeit stark erregt. Für die Manipulation ist dieses Thema insofern interessant, als man sich fragt, wie es möglich ist, einen jungen Menschen derart umzukrempeln, daß er wie ein anderer wirkt. Diese Sekten

arbeiten so, daß sie die Jugendlichen von ihrer bisherigen familiären, kulturellen usw. Umgebung isolieren, alle Bindungen abbrechen lassen und eine ideologisch begründete Bedürfnislosigkeit oder besser eine Bedürfnisverschiebung aufbauen. Die Lehre selbst wird in ihrer Unfehlbarkeit z. B. durch eine neue Sprachbildung (Sprachformeln im Dienste des Nichtdenkens) und durch den Auserwähltheitsritus für die Lehrmeister entwickelt. In der Gemeinschaft wird ein starker Gruppendruck, z. B. durch uniforme Haartracht, absoluten Gehorsam, straffe Organisierung und selektierte Information herbeigeführt. In dieser isolierten Enge wird das Gefühl der eigenen Auserwähltheit verstärkt und der eigene moralische Wert überhöht, bis schließlich alle anderen für unwürdig angesehen und in die mit allen Mitteln zu missionierenden »Brauchbaren« und die auszumerzenden »Unverbesserlichen« eingeteilt werden können.

Abwehr der Gleichschaltung

In einer Untersuchung sollte festgestellt werden, was es mit Menschen auf sich hat, die zur Folterung anderer Menschen neigen. Die Ergebnisse sind vielsagend für unsere Thematik. Es ist eine ganze Reihe von Persönlichkeitszügen, die man bei solchen Menschen gefunden hat.
Offensichtlich sprechen dabei Milieu- und Sozialisationsbedingungen ein gewichtiges Wort mit. Auffällig häufig handelt es sich um Personen mit einer extremen Unterwürfigkeit gegenüber Autoritätspersonen. Sie achten auf die Meinungen, Einstellungen und Haltungen der »Höheren«, gleichgültig ob dies gegenüber Vorgesetzten oder gegenüber anerkannten Bezugspersonen in der Politik oder den Massenmedien geschieht. Sie brauchen jemanden, zu dem sie aufblicken können und dem sie sich gern unterwerfen.
Zweitens wurde ein auffällig häufiges Merkmal in ihrer eigenen Kindheit entdeckt: Sie wurden übertrieben gezüchtigt und wurden streng angehalten, »unmoralische« Regungen zu verleugnen. Sie standen also unter erheblichem Erziehungsdruck.
Drittens wiesen sie gehäuft Vorurteile über Minderheiten auf. Ihre gesamte Haltung war geprägt von Intoleranz. In einem Teil von ihnen haben sich diese Vorurteile zu Ideologien verdichtet, die gewisse Ähnlichkeiten beispielsweise zu rassistischen oder faschistischen Anschauungen nicht verleugnen konnten.

Viertens ergab die Untersuchung eine auffällige bis starke Neigung zur Konformität mit den Gruppennormen. Das besagt, daß diese Normen, stärker noch als die übliche Verhaltensweise, an das, was in der Gruppe gilt, gebunden sind.
Fünftens zeigten sich bei dieser Personengruppe starke Tendenzen zur Entpersönlichung der zwischenmenschlichen Beziehungen. Gleichgültig, ob in der Familie oder im Beruf beziehungsweise in den Freizeitbeziehungen, es interessierte mehr die Funktion als die Persönlichkeit. Der Mensch als individuelles Wesen beschäftigt sie weniger.
Überblickt man diese Merkmale, so kann man sicher sagen, daß diese Persönlichkeitszüge nicht so besonders selten sind. Es ist also durchaus möglich, eine entsprechende Situation vorausgesetzt, daß eine ganze Menge von Mitmenschen zum Folterer anderer Menschen entwickelt werden könnte. Der junge Student aus dem Experiment von Professor Zimbardo hatte also recht, wenn er es für fraglich hielt, ob er in einer ähnlichen Situation wie sein Mitstudent zu einem ebensolchen Monstrum an Folterer hätte werden können.

„Deine Eltern halten wohl nicht viel von der Chancengleichheit, wie?"

Wenn nun viele unserer Zeitgenossen bis zum Folterer erzogen werden könnten, ist es ziemlich wahrscheinlich, daß sehr viele von der viel harmloser erscheinenden Bedenkenlosigkeit, Manipulationen anzuwenden, überzeugt werden könnten.
Daraus ergibt sich für die Persönlichkeitserziehung eine große Aufgabe. Wenn wir wünschen, daß Manipulation zurückgedrängt werden soll, müßte auch eine sehr tief sitzende Wurzel reduziert werden: die charakterliche Voraussetzung für Manipulationen.

Die Ergebnisse des Versuchs zeigen, in welcher Richtung einige entsprechende Erziehungsziele liegen könnten: keine extreme Unterwürfigkeit, keine Züchtigung und Verleugnung von Triebregungen, Abbau von Intoleranz gegenüber Minderheiten, reduzierte Konformität, Aufhebung der Entpersönlichung der zwischenmenschlichen Beziehungen.

6 Hintergründige Verführung

Schmetterlingsrolle

Wie findet ein Schmetterling sein Weibchen? Weil die meisten so herrlich aussehen, könnte man glauben, daß das Weibchen durch die schöne Zeichnung und die wundervollen Farben gefunden wird.
Als Erkennungszeichen sind beide wertlos, lediglich wenige Signalmerkmale sind wichtig. In Attrappenversuchen wurden diese Merkmale auf ganz geringe Kennzeichen reduziert, zum Beispiel auf das Flügelschlagen. Aber auch darin steckt noch viel Unnötiges. Die bisher spärlichste Form, dem Männchen das Weibchen zu signalisieren, bestand in einer walzenförmigen Rolle, die sich im Kreis bewegte. Auf der Walze wechselten schwarze und gelbe Streifen. Dieser Wechsel von Schwarz und Gelb der Drehbewegung genügte, um das Männchen des Kaisermantels, eines Schmetterlings unserer Breitengrade, zur Verfolgung dieses Ziel zu bewegen. Was ist an dieser Kuriosität so interessant?
Diese scheinbar nebensächliche Erscheinung gehört mit zu den aufregendsten Entdeckungen unseres Jahrhunderts: auch für unser menschliches Verhalten. Aber diese Erkenntnisse sind für uns Menschen noch zu sehr im Untersuchungsstadium, als daß sie voll verständlich sein könnten. Lediglich ihre Bedeutung für unser Thema soll hier vorbereitet werden.
1935 veröffentlichte der österreichische Nobelpreisträger Konrad Lorenz erstmals eine merkwürdige Erscheinung, die er *Prägung* nannte und die auf Beobachtungen des Zoodirektors Heinroth aufbauten. Geschlüpfte Entenküken binden sich schlagartig in einer bestimmten kurzen Lebensphase an ihre Entenmutter oder, wenn sie unnatürlicherweise nicht vorhanden ist, an ein bewegliches Erscheinungsbild. Dies kann auch, wie im Fall von Lorenz, der Forscher selbst sein, können aber auch andere Tiere oder leblose Gegenstände sein, zum Beispiel Luftballons, wenn man sie nur in Bewegung versetzt.
Diese *Auslöser* für eine Instinkthandlung können also »unnatürlich« sein. Genauer besehen sind sie aber nicht unnatürlich, sondern die natürlichen, wie die Entenmutter, sind als Mutterbindungsauslöser zu aufwendig. Es genügt als Reiz viel we-

Woran erkennt der Schmetterling das Weibchen? Nicht an der Flügelzeichnung, wie man meinen sollte. Wenn man Attrappen ohne Zeichnung bewegt, nur mit dem Flügelschlag, kommen die Männchen angeflogen.
Es geht noch einfacher. Wenn man Walzen mit gelben und schwarzen Streifen bewegt, die um ihre Achse rotieren, kommen die Männchen ebenso.
Die Verlockungen des Weibchens lassen sich also auf einen einzigen Reiz zurückführen: Wechsel zwischen Hell und Dunkel, wie er beim Flügelschlag entsteht.
Das ist der »Schlüsselreiz«, der das Instinktverhalten auslöst. Wiederum eine Manipulationsmöglichkeit: die Symbolmanipulation.

niger – eben nur eine bestimmte Form von Bewegung, und schon bindet sich das Küken an diese vermeintliche Mutter.

So merkwürdig es klingen mag: Für die Auslösung der Mutterbindung ist ein (nur scheinbar) unbedeutendes Merkmal der Mutter, ihre *Beweglichkeit,* wichtig. Die Entenmutter selbst ist also gleichsam nur die Verpackung dieses Merkmals. In einer anderen Verpackung, sofern nur das Merkmal darin enthalten ist und beim ersten Kontakt auftritt, löst es ebenso die Instinkthandlung aus.

Dahinter steckt eine wichtige Erkenntnis. Bisher nahmen wir an, nur eine einzige grundlegende Fähigkeit, die *Lernfähigkeit,* sei manipulierbar, und alle Manipulationsgruppen, die wir genannt haben, würden auf dieser Fähigkeit beruhen. Unsere angeborenen *Instinkte* dagegen seien feststehend und nicht manipulierbar.

Darin stecken sogar zwei Irrtümer. Zum einen ist es völlig falsch, unser Verhalten in angeborene und erworbene Fähigkeiten am Kriterium Geburtszeitpunkt zu unterteilen und die angeborenen Fähigkeiten als Instinkte und danach die erworbenen als gelernt anzusprechen. Wir lernen nicht erst nach der Geburt. Schon im Mutterleib werden die »angeborenen« Haltungs- und Stellreflexe geübt. Zum andern: Auch die nichtgelernten Instinkthandlungen sind veränderungsfähig, und zwar von den gegebenen auslösenden Reizkombinationen her. Wie können sie verändert werden? Indem man das kärgliche Grundmerkmal aus der Verpackung *herauslöst* und in andere Verpackungen *einbaut*. Bewußt zum eigenen Nutzen durchgeführt, darf man das Manipulation nennen.

Durch diese neuen Erkenntnisse werden die älteren Lerntheorien nicht ungültig, aber neuere Lerntheorien werden nicht mehr rein vom Lernen her aufgebaut.

Welches Verhalten beim Menschen zumindest teilweise *instinktiv* genannt werden kann, wird im folgenden Abschnitt behandelt. Vorläufig soll erst das Prinzip, das heißt die Eigenart der sogenannten Auslösemechanismen oder Schlüsselreize erörtert werden. Will man eine verschlossene Tür öffnen, benötigt man den passenden Schlüssel. Mit ihm kann man die Tür aufschließen. Dieses Wortbild kennzeichnet, worum es bei den *Schlüsselreizen* geht.

Unsere Umwelt besteht aus unendlich vielen physikalischen Erscheinungen. Nur ein kleiner Teil davon kann ein Anstoß für eine Nervenerregung werden, weil wir mit unseren Sinnesorganen nur begrenzte Möglichkeiten zur Verarbeitung haben. Diesem begrenzten Ausschnitt entstammen die möglichen *Reize*.

Einige wiederum davon sind *spezifische* Reize, weil sie ein instinktives Verhalten auslösen können. Diese Reize nennen wir Schlüsselreize oder AAM, automatische Auslösemechanismen, wie ihr wissenschaftlicher Name lautet. Genaugenommen sind sie nur minimale Reizelemente, die aber große Wirkungen erzielen können. Darin liegt der Wert für den Manipulateur.

Bevor wir aber darauf eingehen, wollen wir noch einige nützliche zusätzliche Gedankengänge einfügen.

Die Schlüsselreize festigen sich bereits frühzeitig für das Lebewesen in einer fruchtbaren Prägezeit, die später nicht wiederkehrt. Während dieser Zeit geschehen die Festlegungen zum Beispiel auf das, was die Mutterfunktion übernimmt. In späteren Jahren sind die Auslösebeziehungen nur sehr schwer ersetzbar. Lebewesen besitzen also ein individuelles Repertoire von Schlüsselreizen, in der bei ihnen geprägten Verpackung, für ihre Instinktausstattung.

Beim Menschen ergibt sich hier eine Differenzierung. Er ist nur in einem sehr begrenzten Sinn ein Instinktwesen. Durch seine Gehirnentwicklung ist das Ausmaß seiner lernbaren Fähigkeiten unverhältnismäßig viel größer geworden. Auch der Bereich

der Instinkthandlungen ist nicht mehr so starr, sondern überformbarer noch als bei den höheren Tieren durch lernbares Verhalten.
Beim Menschen sind die Schlüsselreize gleichsam verwässert, sie wirken nicht so prompt wie bei denen der Instinktwesen. Die Schlüsselreize sind bei ihm kulturell überformt zu *Symbolen*, ebenso wie Instinkte des Menschen überformt sind vom *erlernbaren* Verhalten.
Das bedeutet aber nicht, daß er einem solchen »Urverhalten« völlig entwachsen ist. Um seine Manipulierbarkeit herbeizuführen, benötigt man folglich zweierlei an Kenntnis: Man muß wissen, wo noch instinktähnliches Urverhalten in seinem ansonsten erlernten Verhalten steckt und durch *welche* zu Symbolen überformten Schlüsselreize es ausgelöst werden kann.
Daraus folgt der Grundgedanke der Symbolmanipulateure: Sucht man sich zu den erkannten Symbolen eigennützige Verpackungen, erreicht man zwingend herbeigeführtes Verhalten in fundamentalen Bereichen.

»Der Mensch meidet und sucht...«

In einer kürzlich erschienen Werbelehre der französischen Autoren Marçal Moliné und Jacques Douce, die als Taschenbuch weite Verbreitung gefunden hat, stellen die Verfasser schlicht in einer Liste fest, wo der Mensch grundlegend beeinflußbar ist:

Der Mensch meidet:	**Der Mensch sucht:**
Körperliche Entbehrungen; Schmerz, Hunger, Schlaflosigkeit; Mißerfolg, Entbehrungen, Gleichgültigkeit, Verachtung, Lieblosigkeit, Ungeliebtsein; Sorge, innere Unruhe, Angst; Langeweile, Monotie.	Wohlergehen, Freude; Erfolg, Macht, Achtung, Anerkennung; Liebe, Intimität, Zärtlichkeit, soziale Integration; Erleichterung, Sicherheit, Ruhe; Abenteuer und neue Erfahrungen.

In verhaltensbiologischen Veröffentlichungen zum auslösbaren Instinktverhalten werden häufig zehn fundamentale Funktionskreise tierischen Verhaltens genannt: stoffwechselbedingtes, der Fortpflanzung dienendes, orientierendes, territorien-

herstellendes (Nestbau) Verhalten und begrenzendes, beschützendes beziehungsweise pflegendes, ausruhendes sowie dem Spiel, der Entwicklung, dem Kampf und dem Sozialkontakt dienendes Verhalten. Diese zehn Bereiche sind nicht ohne weiteres trennbar und jeweils für sich zu bestimmen. Man sieht bereits im Tierbereich die Überschneidung der Verhaltensformen. Aber trotz der unterschiedlichen Begriffsbildung besteht eine auffällige Ähnlichkeit zwischen den genannten Verhaltensgebieten der Werbelehre und der Verhaltensbiologie. Man kann beide auf sechs Bereiche fundamentalen Verhaltens zusammenfassen: Nahrungsverhalten, Sexualverhalten, Orientierungsverhalten, Sicherungsverhalten, Bewegungsverhalten und Sozialverhalten.
Im Lauf der vielen Millionen Jahre der Gattungsentwicklung und ihrer Auslese der geeignetsten Formen ist manches an Frühformen erhalten geblieben, das in der kulturellen Höherentwicklung zwar durch erlernte Verhaltensmöglichkeiten bis zur Unkenntlichkeit überdeckt wurde, trotzdem aber tiefenpsychisch erhalten blieb. Es sind dies gerade die individual- und arterhaltenden psychischen Ausstattungen des Menschen. Über einige braucht man nicht viel zu äußern, sie sind allgemein geläufig, andere dagegen sind in ihrer fundamentalen Wichtigkeit weniger bekannt.
Zu den ersteren gehört das Nahrungsverhalten mit den drei Hauptfunktionen Essen, Trinken und Ausscheiden, ferner das Sexualverhalten mit den Funktionen Werbung, Zeugung und Brutverhalten. Ähnliches trifft für das Sozialverhalten zu, das wir im Abschnitt über die Gleichschaltungsmanipulation ausführlich behandelt haben. Weniger bekannt sind in ihrer Bedeutung das Orientierungs-, das Sicherungs- und das Bewegungsverhalten.
Das Orientieren in der Umwelt hilft, das Leben zu erhalten, aber das Orientieren ist nicht nur lebensnotwendig. Darüber hinaus ist die Orientierung reizvoll. Ähnlich wie beim Hunger sind wir, wenn sich eine Zeitlang nichts ereignet hat, ausgehungert nach irgendwelchen Erlebnissen. Problematisch wird dieser Drang, wenn er keine normale Befriedigung erhält. Abenteurersucht, Ausreißertum, Fernsehsucht, Klatsch und Tratsch, Sensationsgier, Hang zu mystischen Geheimnissen und Aberglauben und vieles andere haben hier ihre Wurzel, denn die höheren Lebewesen sind nicht nur reizaufnehmende Geschöpfe, sie sind vielmehr recht häufig *gespannt* aufmerksam: Sie erhöhen ihre Wahrnehmungsbereitschaft, sie konzentrieren sich auf ihre Umwelt unter Vernachlässigung beispielsweise

ihrer Innenreize. Man vergißt beispielsweise seine Zahnschmerzen, wenn man sich einen spannenden Kriminalfilm ansieht.
Das Sicherungsverhalten ist nicht minder interessant. Darunter ist zunächst einmal der Selbsterhaltungstrieb zu verstehen. Wir realisieren ihn entweder durch Flucht vor der Lebensbedrohung oder durch Kampf gegen sie. Da dies für den Menschen aber kein alltägliches Problem ist, wurde diese Selbsterhaltung längst überhöht zur Erhaltung unserer Selbsteinschätzung, zur Wahrung unserer Geltung vor uns selbst und vor unserer Umgebung und allen gegenüber, die uns begegnen. Das ist die Wurzel der Prestigebedürfnisse. Ihre Realisierung geschieht häufig nicht durch die vervollkommnete eigene Leistung, durch die man die Anerkennung zu erringen glaubt.
In vielen Sozialverbänden ist sie auf diesem »normalen« Weg kaum noch zu erreichen. Man sucht sich folglich Ersatzwege und gerät dadurch nicht selten in Schwierigkeiten. Welche Ersatzwege sind das? Beispielsweise kann man sich an prestigeträchtige Personen klammern, oder man unterdrückt alle anderen und erhebt sich scheinbar dadurch selbst oder gewöhnt sich eine arrogante Überheblichkeit aufgrund seiner Stellung, seiner Herkunft beziehungsweise einer sonstigen nicht-persönlichen Leistung an. Das anständigste Ersatzverhalten zur Geltung ist die außerberufliche Sonderleistung, beispielsweise die nicht-professionelle Gesangsleistung. Deshalb ist heute das Hobby nicht nur reiner Ausgleich. Die billigste Form sind die Prestigesymbole, die man uns manipulatorisch offeriert und die wir anschließend behandeln werden.

Mit diesen beiden vorhergehenden Verhaltensformen kann das Bewegungsverhalten nicht mithalten, aber es ist ebenso fundamental. Zunächst ist natürlich die körperliche Bewegung gemeint. Schon im Mutterleib beginnt der Bewegungszwang. Das Geschwisterpaar Tätigkeit und Erholung bestimmt unser gesamtes Le-

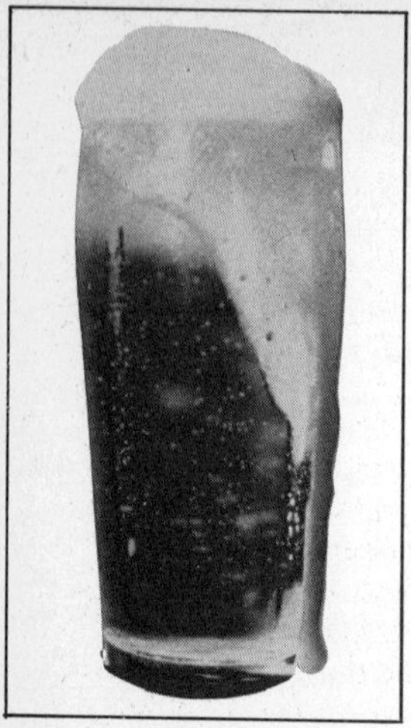

Durst!
Jeder in unseren Breiten versteht dieses Bild: ein Trinkglas, ein bekanntes Getränk, kühl, überschäumend, rinnende Tropfen.
Ein »Schlüsselreiz« für das Trinken?
Der Neandertaler würde es kaum verstehen. Was ist für ihn Glas, was Bier?
Der Schlüsselreiz ist kulturell überformt. Zur Unterscheidung sollte man besser von »Symbol« sprechen. Aber was beide wohl verstehen würden, der Neandertaler und der heutige Europäer: das Herabrinnen.
Das wäre wahrscheinlich der Schlüsselreiz für das Trinken.

ben. Wenn wir eine der beiden vermissen, pendelt der Drang zu dieser Seite, um alsbald wieder zur anderen Seite auszuschwingen. Wir verschaffen uns Tätigkeit nicht nur im Beruf, sondern auch im Spiel, beim Sport usw. Und Erholung erreichen wir nicht nur durch das Ausruhen, sondern auch durch einen aktiven Urlaub. Im psychischen Bereich ist es nicht anders. Wir verschaffen uns psychische Bewegung durch aufgekratzte Lustigkeit und psychische Beruhigung durch schwermütiges Herzeleid. An dieser Stelle unserer Überlegungen wenden wir uns wieder dem Manipulateur zu. Ob er nun diese Zusammenhänge kennt oder nicht, er kann sie benutzen. Wie erreicht er dies?
Er sucht nach Signalen, um sie anzustacheln und mit seinen Zielen zu verpacken. Er verhält sich – zumeist unwissentlich – nach dem verhaltensbiologischen Rezept: In den Erscheinungen stecken karge Schlüsselreize, die man für das gewünschte Verhalten als Auslöser einsetzen kann. Die eigentliche Manipulation dabei ist der unmerkliche Einbau der Schlüsselreize in symbolische Verpackungen.
Dieser Symbolmanipulation gilt unsere Abwehr.

Entschlüsselte Schlüsselreize

Sechs Teilbereiche instinktgestützten Verhaltens haben wir zusammengefaßt. Für jedes dieser sechs Gebiete wollen wir nun ein Beispiel für einen Schlüsselreiz auswählen.
Zum Nahrungsverhalten wählen wir ein Beispiel für die Auslösung des Durstes. Der Mensch besteht bis zu drei Vierteln aus Flüssigkeit. Diese enorme Menge muß laufend ergänzt werden. Das wird dirigiert durch ein »Durstzentrum« in den tieferen Regionen des Gehirns. Aber wir werden nicht nur durstig, wenn der Flüssigkeitspegel unterschritten ist, sondern es gibt auch psychisch ausgelöste Durstzustände. Wichtig dafür sind die Trinkgewohnheiten, sei es, daß wir vom Wohlgeschmack eines Getränkes verführt werden oder daß wir es einfach gewohnt sind, am Abend ein bestimmtes Quantum zu trinken. Daneben gibt es aber auch gesellschaftliche Zwänge zum Trinken oder innere Spannungen, die durch Trinken herabgemindert werden sollen. Man sieht also, so eindeutig geht es nicht nach dem körperlichen Bedarf, sondern auch und nicht zuletzt nach der psychischen Bedürftigkeit. Und dies ist die Stelle, wo wir durch symbolische Anreize, in denen ein Schlüsselreiz verborgen ist, zum Trinken animiert werden können. Stellen Sie sich ein beschlagenes Bierglas vor, an dessen Außenseite ein Tropfen herabrinnt. Weder Bierglas noch Bier sind der Anreiz, den Schlüsselreiz löst das *Herabrinnen* aus. In den Bierreklamen wird er deshalb nicht selten als Schlüsselreiz verwendet.
Die zweite Gruppe, das Sexualverhalten, braucht heute kaum noch jemand erklärt zu werden. Bei ihm sind einige Nebenumstände interessant. Zum ersten wird der Fortpflanzungsbereich zumeist viel zu eng gesehen, er ist nicht nur auf den Geschlechtsverkehr bezogen. Zu ihm gehören als gesonderte Nebengruppen und genauso bedeutsam: das Werbeverhalten und das Brutverhalten. Das Werbeverhalten ist von den vielen Darstellungen tierischen Balzverhaltens bekannt. Im menschlichen Bereich werden die zahlreichen Signale des Flirts selten als solche erkannt oder zu eng als Aufforderung zum Sexualverkehr gesehen. Sie dienen auch unabhängig davon der Bestätigung und Aufrechterhaltung sexueller Attraktivität. In dieser Bestätigungsfunktion tauchen sie in der Werbung häufiger als die reinen Sexualstimulantien auf.
Dagegen wird das Brutverhalten beim Menschen zumeist viel zu losgelöst vom Sexualverhalten gesehen. Für den Menschen tritt es in der Funktion des Schutz- und des Beschützerbedürf-

Die verschiedenen Symbole und Schlüsselreize lassen sich nach den Bedürfnissen des Menschen ordnen:

1. Essen und Trinken.

2. Geltung, Selbstbehauptung. Eigentlich die Sicherung der Existenz: mehr Sicherheit als die vielen anderen.

3. Sex, Erotik.

4. Aktivität und Ruhe. Nicht ständige Bewegung, nicht körperliche Faulheit, sondern der ständige Wechsel ist das Bedürfnis.

nisses auf. Ausgelöst wird es durch das sogenannte Kindchen-Schema: von den Erscheinungsmerkmalen des Jungtieres oder Kleinkindes mit seinen verkürzten Formen, der Weichheit des Fells oder der Haut, der Kuscheligkeit der Gliedmaßen. Vorzüglich wiedergegeben und eingepackt dargestellt sind diese Merkmale in den Steiff-Tieren und ihren Nachahmungen.
Die drei Formen des Fortpflanzungsverhaltens stehen in einem Rivalitätsausgleich. Sobald beispielsweise das Brutverhalten

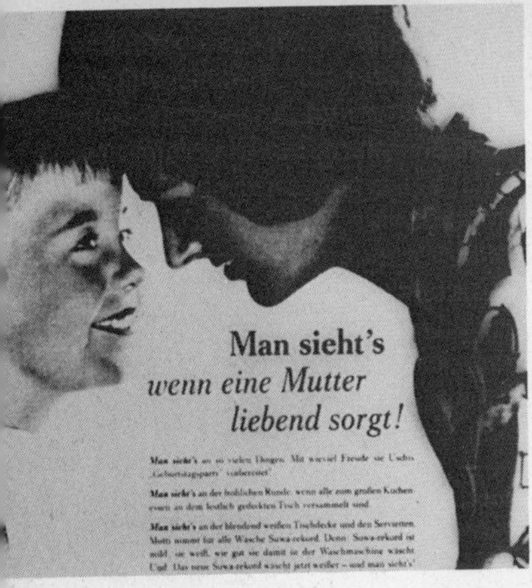

5. Orientierung, nötig zur Nahrungssuche und Sicherung vor Gefahren. Je höher die Entwicklung eines Lebewesens, desto weiter greift die Orientierung aus: Neugier, Abenteuer, Fernweh.

6. Schutz- und Beschützerbedürfnis, wie es speziell in der Beziehung zwischen Mutter beziehungsweise Vater und Kind besteht. Hierher gehört das sogenannte »Kindchenschema«: vorgewölbte Stirn, große Augen, weich, kuschelig.

überwiegt, werden die beiden anderen geschmälert. Das gilt im eingegrenzten Sinn auch für den Menschen.
Bei den im engeren Sinn sexuellen Schlüsselreizen handelt es sich zumeist nur um anbahnende Anspielungen, die man weiter entwickeln muß. So rekrutieren sich sexuelle Schlüsselreize eher aus den sekundären als aus den primären Geschlechtsmerkmalen, also Busen der Frauen, Bart bei Männern. Auch nützt es, sie hinter Andeutungen zu verstecken (deshalb »larvierte« Reize), beispielsweise wenn sich bei einem aus dem Wald tretenden Pärchen die Frau den Rock glattstreicht.

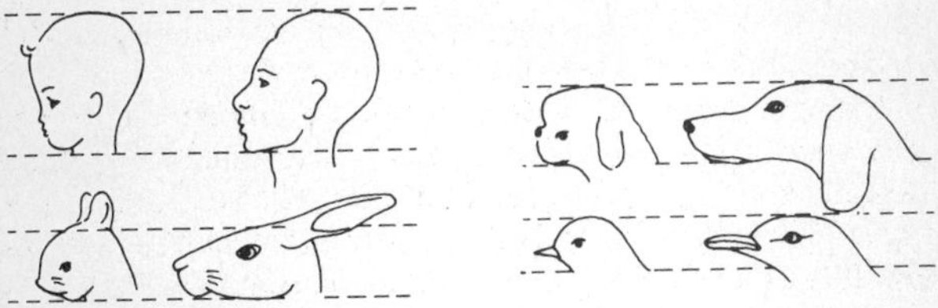

In diesen sekundären Merkmalen wird aber die Übertreibung sehr weitgehend vertragen. Ein Beispiel ist die sogenannte »Venus von Willendorf«, eine Statue aus vorgeschichtlicher Zeit, deren weibliche Formgebung allerdings unsere heutigen Geschmacksgrenzen überschreitet. In Werbemanipulationen werden die Sexualsymbole in geschickter Larvierung mit den beispielsweise umworbenen Autoreifen, dem Sekt oder den Dienstleistungen einer Großbank verknüpft.
Das Orientierungsverhalten ist von der Schnüffelsuche des Hundes bekannt. Aber jeder Besucher eines Restaurants kann die Orientierung des neu eintretenden Gastes und das Aufsehen der anderen beobachten. Ein besonders instruktives Beispiel für einen in einer Zeichnung verborgenen Orientierungsreiz gab es im Krieg. Über einige Zeit wurde ohne Kennzeichnung ein Figürchen in den Zeitungen abgedruckt, das dann zu den wildesten Gerüchten Anlaß gab, bis es als Aufruf zur Spionageabwehr (»pst, Feind hört mit!«) erklärt wurde. Ein ähnlicher Fall war die unbeschriftete Reklame mit einer Haarlocke, die später erst mit einem Firmenzeichen verkoppelt wurde.

Die Schlüsselreize zum Sicherungsverhalten sind unzählbar. Es wurden in den letzten Jahren Unmengen Prestigesybole zum Anreiz entwickelt; ganz harmlose, wie die Kristallaschenbecher für den gehobenen Raucher, und überzogene, wie die Riesenkarossen, für einen einzelnen Autofahrer.
Das Bewegungsverhalten möchten wir an einem Beispiel des Ruhebedürfnisses benennen. Symbol für Ruhe kann der Schlüsselreiz »langsam taumelnde Bewegung« sein, den ein Blinker an einer Angelrute vollführt.
Das Sozialverhalten wird ebenfalls durch Schlüsselreize symbolisiert: Die ausgestreckte Hand soll den Betrachter zum Kontaktverhalten animieren. Auch diese ist in der politischen Propaganda und wirtschaftlichen Werbung ein immer wieder auftauchendes Symbol.

Man kann eine Reklame nach diesen Symbolen aufbauen.
Beispiel: Zigarettenreklame nach dem Stichwort Orientierung, Abenteuer, Fernweh:

auf der Wiese hinter dem Haus? – zu nahe bei!

in den Alpen? – nicht unerreichbar genug!

Südsee? – zu verträumt für Zigaretten!

Halbtrockene Kakteenlandschaft, Cowboyhut? – gut!

Grand Canyon, Pferd? – sehr gut! Bei diesem letzten Bild passen zugleich noch andere Stichworte:
Geltung: Cowboy als Supermann.
Sex: Diese Herren sollen sehr potent sein. Jedenfalls sind sie sexy.
Aktivität und Ruhe: Er hat gewiß einen langen Weg hinter sich.

Lehrmeister Odysseus

Wie entkommt man der Manipulation? Diese Frage stand hinter allen Erörterungen unseres Buches. Die Antwort darauf wollen wir nun im Rahmen einer Zusammenfassung geben. Manipulation läßt sich bekämpfen durch sechs verschiedene, teilweise kombinierbare Maßnahmen:

1. durch kritische Kenntnisse der Manipulation
2. durch Verstärkung autonomen Selbstbewußtseins
3. durch Abbau der Faszination
4. durch Aufbau aktiven Widerstandes
5. durch öffentliche Gegenwehr
6. durch Gegenmanipulation

Der erste Punkt wurde an zahlreichen Stellen hervorgehoben; es dürfte außer Zweifel stehen: Wer weiß, wie es gemacht wird, ist schwerer manipulierbar. Je mehr Menschen von diesen Kenntnissen profitieren, desto schwieriger wird die Lage für die Volksverdummer. Gerade dem nichtkommerziellen Fernsehen in einer Demokratie (nie aber in einer Diktatur) müßte die Rolle zufallen, in puncto Manipulation eine Chancengleichheit für die »Verbraucher« von Manipulation herzustellen. Daß dies so selten geschieht, ist nicht so sehr der Rücksichtnahme auf mögliche Großmanipulateure zum Beispiel in der Wirtschaft, Verwaltung, Wissenschaft oder Politik zuzuschreiben, sondern eher noch der eigenen Unkenntnis. Fernsehleute, besonders in den höheren Etagen, sind nicht immer die eifrigsten Bücherleser. Der Sachbuchlektor eines der größten deutschen Verlage schrieb den Verfassern von »bestimmten« Leserkreisen, die nach seiner Meinung »ohne wissenschaftliches Interesse...« sind und »keinerlei Impuls verspüren, sich zutreffend über bestimmte Fragen zu informieren«. Aber selbst unter Wissenschaftlern gibt es nicht wenige, die seit langer Zeit kein Sachbuch aus nächstbenachbarten Fachgebieten vom einen bis zum anderen Deckel gelesen haben. An der Tagesordnung sind Buchkritiken, die offenbaren, daß der Kritiker allenfalls das Vorwort des Buches gelesen hat.
Es ist deshalb an dieser Stelle des Buches ziemlich gefahrlos, es sich mit vielen Buchkritikern zu verderben. Und diejenigen, die bis hierher vorgedrungen sind, haben bestimmt ein unmanipuliertes differenziertes Urteil. – So naheliegend also der erste Punkt sein könnte, die sogenannten Multiplikatoren sind leider schwerer ansprechbar als die ernsthaften Leser.
Punkt zwei haben wir mehrfach angesprochen. Jeder Mensch

ist letztlich einsam. Sein Seelenleben ist in ihm eingekapselt, und nur über die Kommunikation mit anderen Menschen oder Medien gelingt ihm ein Kontakt, mit allen Risiken des Mißverstehens und der Interessenkollision. Dieses gleichsam verpuppte Seelenleben läßt sich nicht so leicht von außen erreichen. Neben geistigen Filtern ist als Barriere besonders unser Anspruch, ein selbständiges Wesen zu sein und zu bleiben, erwähnenswert. Wir besitzen also einen natürlichen Abwehrriegel gegen Manipulation. Besonders dann, wenn uns jemand auf den »Pelz« rückt, fühlen wir ein innerliches Widerstreben. Deshalb zieht der erfahrene Manipulateur die leisen Töne vor.

Im übrigen ist die Verstärkung autonomen Selbstbewußtseins schwer. In der öffentlichen Meinung gilt die Kontaktfähigkeit mit vielen Menschen mehr als die Fähigkeit, mit sich gut allein sein zu können. Aber gerade der »Hans-Dampf-in-allen-Gassen« ist manipulierbarer als der Eremit. Ein ausgewogenes Stück an Anachoretentum (als altägyptische Vorläufer aller Einsiedlerbestrebungen) nützt der Manipulationsabwehr.

Das Zentrum der *individuellen* Manipulationsvermeidung bilden die Punkte drei und vier, ebenso fünf und sechs, die die öffentlichen Aufgaben betreffen und anschließend in den nächsten beiden Abschnitten behandelt werden.

Manipulationsvermeidung ist ein so altes Thema, daß es bereits in der ältesten literarischen Überlieferung vorkommt. In der Odyssee des Homer, verfaßt vermutlich im 9. vorchristlichen Jahrhundert, wird dem Helden Odysseus bei seiner Irrfahrt über die Meere besondere Gefahr zugedacht. Lockende Sirenen betören die Schiffer mit ihren Gesängen und verführen sie zum Sprung in das offene Meer. Circe rät Odysseus, er und seine Begleiter sollten sich ihre Ohren mit Bienenwachs zustopfen, und Odysseus läßt sich zusätzlich an den Mastbaum fesseln.

Dem entsprechen die beiden Punkte drei und vier: *Abbau* der Faszination und *Aufbau* eines Schutzwalls durch Widerstehen.

Bevor man sich die Ohren mit Wachs zustopft, muß man sich der eigenen Schwächen bewußt sein. Nach dem alten Sprichwort ist die Selbsterkenntnis der erste Schritt zur Besserung. Wer weiß, wo er gern hereinfällt, *vermeidet* die entsprechenden Fallgruben mit größerer Sicherheit.

Die Vermeidung ist die erste Form des Abbaus der Faszination. Die zweite ist die *Übersättigung*. Man kann die Lust bekämpfen, indem man sie übertrieben befriedigt; das entspricht dem

sogenannten »Konditoreffekt«. Der Konditorlehrling darf zu Anfang seiner Lehre so viel essen, wie er will, bis er sich einen Ekel vor Torten und Süßigkeiten holt und dann kaum noch naschhaft ist.
Die dritte Form ist die *Störung* des faszinierenden Angebots. Hier erinnern wir an das frühere Beispiel des mit Handschuhen gelesenen pornographischen Romans.
Der Aufbau von Widerstand kann ebenfalls in verschiedenen Formen geschehen, wie wir es an zahlreichen Stellen dieses Buches hervorgehoben haben. Zusammengefaßt können wir diese Anregungen in vier Richtungen unterteilen.
Odysseus, der sich festbinden ließ, verweist auf die erste Möglichkeit: *Begrenzung der Handlungen.* Die zweite Möglichkeit betrifft die täglich praktizierte und viel zu phantasielos betriebene Kindererziehung: *Lohn und Strafe* je nach gewünschtem oder mißbilligtem Verhalten. Drittens ist angesprochen die viel brauchbarere (a) *Motivierung* zu einem (b) *Austausch* des schlechten Verhaltens durch ein besseres und seine stetige (c) *Einübung.* Schließlich ist viertens die höchste und schwerste Form individueller Manipulationsabwehr die eigene Entwicklung zu einer reifen Persönlichkeit. Es gibt also von der individuellen Seite her genügend Möglichkeiten, Manipulation abzuwenden.

Gegenmanipulation als Ausweg?

»Der Teufel ist nur durch Beelzebub, die Manipulation nur durch Gegenmanipulation auszurotten.«
Wenn dieser Schlachtruf stimmen würde, müßte es ein Gesetz geben, daß der Manipulateur auf die Gegenmanipulation keine Anti-Gegenmanipulation setzen dürfte, auf die man wiederum mit einer Gegen-Anti-Gegenmanipulation antworten müßte. Ein Irrweg. Manipulation läßt sich durch Gegenmanipulation nur steigern, nicht beseitigen – genausowenig, wie sich Terror durch Gegenterror in irgendeiner befriedenden Form aus der Welt schaffen läßt.
Das besagt aber nicht, daß die Wurzeln der Manipulation nicht angegangen werden dürfen. Nach unserer Auffassung ist die Wurzel jeglicher Manipulation *Menschenverachtung.*
In einer eben bekanntgewordenen Geheimanweisung des bolivianischen Geheimdienstes im dortigen Kirchenkampf werden die terroristischen Manipulationen ausführlich erläutert:

Manipulation – und wie entkommt man ihr?
Gegenmanipulieren? Einen Gegner einfach niederschreien? Im Grunde ist das keine Lösung, nur der Anfang einer Eskalation: Antigegenmanipulation... Kontraantigegenmanipulation... Das Wesen der Manipulation ist doch eigentlich die Verwirrung. Deswegen hilft letztlich nur eines: Klarheit der Erkenntnis und des Denkens.

Unter anderem solle man nach dem Prinzig »teile und herrsche« vorgehen; bei Verhaftungen solle man sich unauffällig verhalten und vorher eine »Legende« zurechtlegen; man müsse bei der Verhaftung Material für die Verurteilung einschmuggeln; die Folterungen sollten etwas durchsickern, damit den anderen Angst gemacht werde; das Ansehen der Gegner müsse systematisch herabgesetzt werden; nützliche Idioten müßten gefördert und die Fügsamen belohnt werden.
Das sind die Gedankengänge menschlicher Raubtiere. Sie zeigen, wie aus läßlichen Manipulationen bösartiger Terrorismus und bestialische Verbrechen entstehen können und wie ein direkter Weg vom einen zum anderen führt.
Selbst die besten Ideen und die hochfliegendsten Vorhaben müssen zu diesen Abartigkeiten führen, wenn sie das Leben und die psychische Unverletzlichkeit des Mitmenschen mißachten. Manipulation in dem hier beschriebenen Rahmen der psychischen Manipulation ist zwar nur eine milde Vorstufe zu

diesen extremen Konsequenzen, aber es muß ständig und immer erneut vor diesen Anfängen gewarnt werden, damit man nicht erst wieder vor den Konsequenzen machtlos resignieren muß.

Eine nützliche Hilfe könnte die Psychologie sein, sofern sie sich nicht nur als Technologie menschlicher Reaktionen versteht. Auch der Physiker wird gefragt, ob er sich der Konsequenzen seiner Tätigkeit bewußt ist. Ebenso sollte man den Psychologen fragen, wenn ihm seine Wissenschaft zur Menschenverachtung statt zur Menschenwürdigung zu entarten droht.

Das ist nicht Sache des Wissenschaftlers!

Ein Versuch in der Öffentlichkeit

Wir sind mit unseren letzten beiden Punkten weit über die individuelle Manipulationsabwehr hinausgelangt. Hätten wir das unterlassen, würde man uns zu Recht den Vorwurf großer Naivität machen. Der einzelne, und seien es auch sehr viele, ja fast alle einzelnen Menschen einer Bevölkerung können sich nur unvollkommen gegen Manipulation schützen, wenn sie die öffentlichen Institutionen dabei nicht unterstützen.

Aber dafür geschieht wenig oder nichts. Möglicherweise fürchtet man eine Machtbeschneidung oder verkennt die eigene Fehlbarkeit. Wir unterbreiten deshalb folgenden Vorschlag: Der in den skandinavischen Ländern entstandene Wirkungskreis des *Ombudsmans* sollte auch hierzulande für die Belange der Manipulationsabwehr genutzt werden. Ähnlich wie der Wehrbeauftragte, der die Beschwerden der Soldaten annimmt, könnte sich ein psychologisch geschulter Beauftragter der psychischen Schäden der Bevölkerung durch Manipulation von seiten der Werbung, der Politik, der Medien etc. vorbeugend widersetzen. Eine solche Ombudsman-Stelle sollte selbst keine Machtbefugnis erhalten, sondern lediglich intern mahnend oder (wenn dies nicht helfen sollte) öffentlich anprangernd tätig werden dürfen. Der Grund für diese Beschränkung liegt in der Erkenntnis, daß Verbote nichts nützen, weil sie für Manipulationen ihrem Wesen nach leicht umgangen werden können. Dagegen ist Manipulation wohl in ihrer moralischen Fragwürdigkeit besser bekämpfbar.

Nehmen wir an, der Vorschlag würde aufgegriffen und tatsächlich in Angriff genommen. Was würde geschehen? Eine Menge Leute würden offen oder versteckt dagegen vorgehen, denn ganz sicher ist es manchem lieber, ohne Manipulationskontrolle

andere an der Nase herumzuführen. Man könnte dann hören: »Das ist eine gänzlich unqualifizierte Aussage« – »Na, das haben wir in unseren Selbstkontrollorganen doch längst« – »Wir müssen uns fragen, wer hinter diesem Vorschlag steht!« – oder vielleicht würde man mit versteckten Drohungen rechnen können.
Es wäre ein interessantes öffentliches *Experiment,* wenn dies jemand aufgreifen würde, sozusagen ein Lehrstück über Manipulation.

Sechs Regeln zur Immunität gegen Manipulation

1. Lernen Sie die Techniken der Manipulation kennen
Es geht nicht an, einfach die Manipulateure zu beschimpfen, wenn man ihnen nicht *nachweisen* kann, wie sie manipulieren. Man verliert die eigene Glaubwürdigkeit und ändert ganz sicher die Handlungsweise der Manipulateure nicht. Möglicherweise bestärkt man dadurch nur ihr erbärmliches Tun. Erst durch genaue Kenntnis erhält man die Überlegenheit zur eigenen Immunität und zur Abwehr fremder Manipulation.

2. Wappnen Sie sich gegen Manipulation
Der Schild ist die geistige Vorsicht vor Überrumpelungen (auch *durch* uns – *von* uns). Je differenzierter man denkt, desto eher vermeidet man es, überrumpelt zu werden. Wenn etwas verall-

gemeinert werden darf, dann dies: Alles Denkbare ist noch komplizierter, als wir es uns denken können. Diese geistige Bescheidenheit schützt zuverlässig gegen viele Manipulationen.

3. Hüten Sie sich vor ungerechtfertigter Faszination
Vieles, was wir besitzen möchten, fasziniert so lange, bis wir es besitzen. War es der Faszination würdig? Manipulateure hetzen uns oft zu ungerechtfertigten Bedürfnissen, die sich nachher als schal herausstellen.

4. Üben Sie sich in Ihrer Eigenständigkeit
Je mehr verarbeitete Information und selbsterrungene Erfahrung wir zur Verfügung haben, desto schwerer wird es, uns zu manipulieren. Vorausgesetzt aber, daß wir uns immer noch für weitere Informationen und Erfahrungen, auch wenn sie bisherige gefährden, offenhalten.

5. Unterdrücken Sie eigene Manipulationsbestrebungen
Schon dann, wenn man aus Gründen des möglichen Vorteils für sich und die eigene Gruppe notwendige Aussagen unterdrückt, begibt man sich auf den Weg der Manipulateure. Wir sind demnach alle mehr oder weniger gefährdet, andere Menschen manipulieren zu wollen.

6. Stellen Sie Manipulateure »an den Pranger«
Es besteht nicht nur ein Recht, sondern die Pflicht, den erkannten Manipulateur als solchen zu benennen. Die Welt wird nicht durch die sich scheu Zurückhaltenden gebessert. Es ist nötig, auch dort, wo es unbequem ist, oder man sich sogar Nachteile einhandelt, die Manipulation immer wieder anzuprangern. Die mühselige Emanzipation des Menschen geschieht nicht mit einem einzigen Schlag. Sie wird ständig bedroht. Aufklärung tut not.

Literaturhinweise

ADORNO, T. W., u. a.: The authoritarian personality, New York 1950

ARENS, K.: Manipulation, Berlin 1971

BEDNARIK, K.: Die Programmierer, Wien, München 1965

BENESCH, H.: Handbuch zur Praktischen Psychologie, Tübingen, 3. Aufl. 1973

CARNEGIE, D.: Wie man Freunde gewinnt, Zürich 1955

CHERTOK, L.: Hypnose, München 1973

DICHTER, E.: Handbuch der Kaufmotive, Düsseldorf 1964

DIECKMANN, W.: Information oder Überredung, Marburg 1964

ELLUL, E.: Propagandes, Paris 1962

ERDMANN, K. O.: Die Kunst, recht zu behalten, Stuttgart o. J.

FRANKE, H. F.: Der manipulierte Mensch, Wiesbaden 1964

GRACIAN, B.: Handorakel, 1647

HÖNN, G. P.: Betrugslexikon, Coburg 1720 (Nachdrucke Berlin-Ost 1958, München 1977)

HOFSTÄTTER, P. R.: Psychologie der öffentlichen Meinung, Wien 1949

HOLZSCHUHER, L. V.: Praktische Psychologie, Seebruck 1955

KIRSCHNER, J.: Manipulieren – aber richtig, München, Zürich 1974

KLIS, M.: Überzeugung und Manipulation, Wiesbaden 1970

LAY, R.: Die Manipulation durch Sprache, München 1977

LAZARUS, A., u. FAY, A.: Ich kann, wenn ich will, Stuttgart 1978

LÖBSACK, T.: Die manipulierte Seele, München 1971

MOLINÉ, M., u. DOUCE, J.: Werbung, Reinbek 1978

MUCCHIELLI, R.: Einstellung und Manipulation, Salzburg 1975

MÜLLER, E.: Die Kunst der Gesprächsführung, Hamburg 1954

PACKARD, V.: Die geheimen Verführer, Düsseldorf 1958

PASCAL, B.: L'art de persuader, 1656

PORTMANN, A.: Die Manipulation des Menschen als Schicksal und Bedrohung, Zürich 1969

REIWALD, P.: Vom Geist der Massen, Zürich 1946

RIESMAN, D., u. a.: The lonely crowd, New Haven 1950

ROSNOW, R. L., u. ROBINSON, E. J. [Hrsg.]: Experiments in persuasion, New York, London 1967

SABAIS, H. W.: Die Herausforderung, München 1963
SARGANT, W.: Der Kampf um die Seele, München 1958
SCHNEIDER, P., u. MEYER, H. J.: Die Manipulierbarkeit des Menschen, Mainz 1969
STANGL, A. U. M.: Verhandlungsstrategie, Düsseldorf, Wien 1972
STRAATEN, H. T.: Die Technik des Erfolgs, München 1931

Namen- und Sachregister